みーちゃんという、

「お空の世界」や「生まれ変わりの記憶《きおく》」

を持つ小学生の女の子が、

これからいろいろなお話をしてくれます。

それはみーちゃんが、

光の画家、Chie《ちえ》さんに送った

１通の手紙から始まりました…。

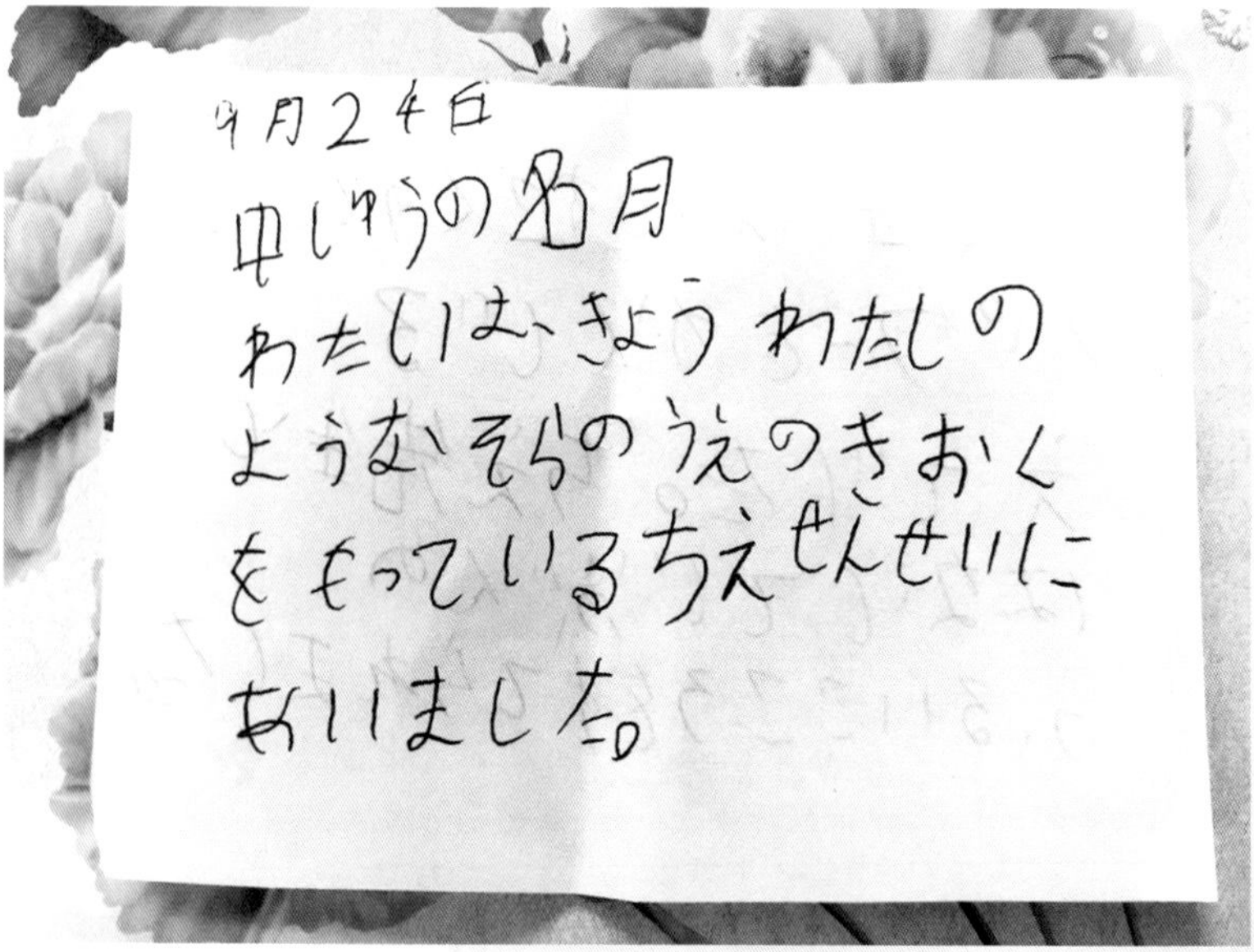
9月24日
中しゅうの名月
わたしは、きょう わたしの
ようなそらのうえのきおく
をもっているちえせんせいに
あいました。

「やっと会えた！」

みーちゃんにはそんな気持ちもあったかもしれません。

そこから二人の交流は深まっていきました。

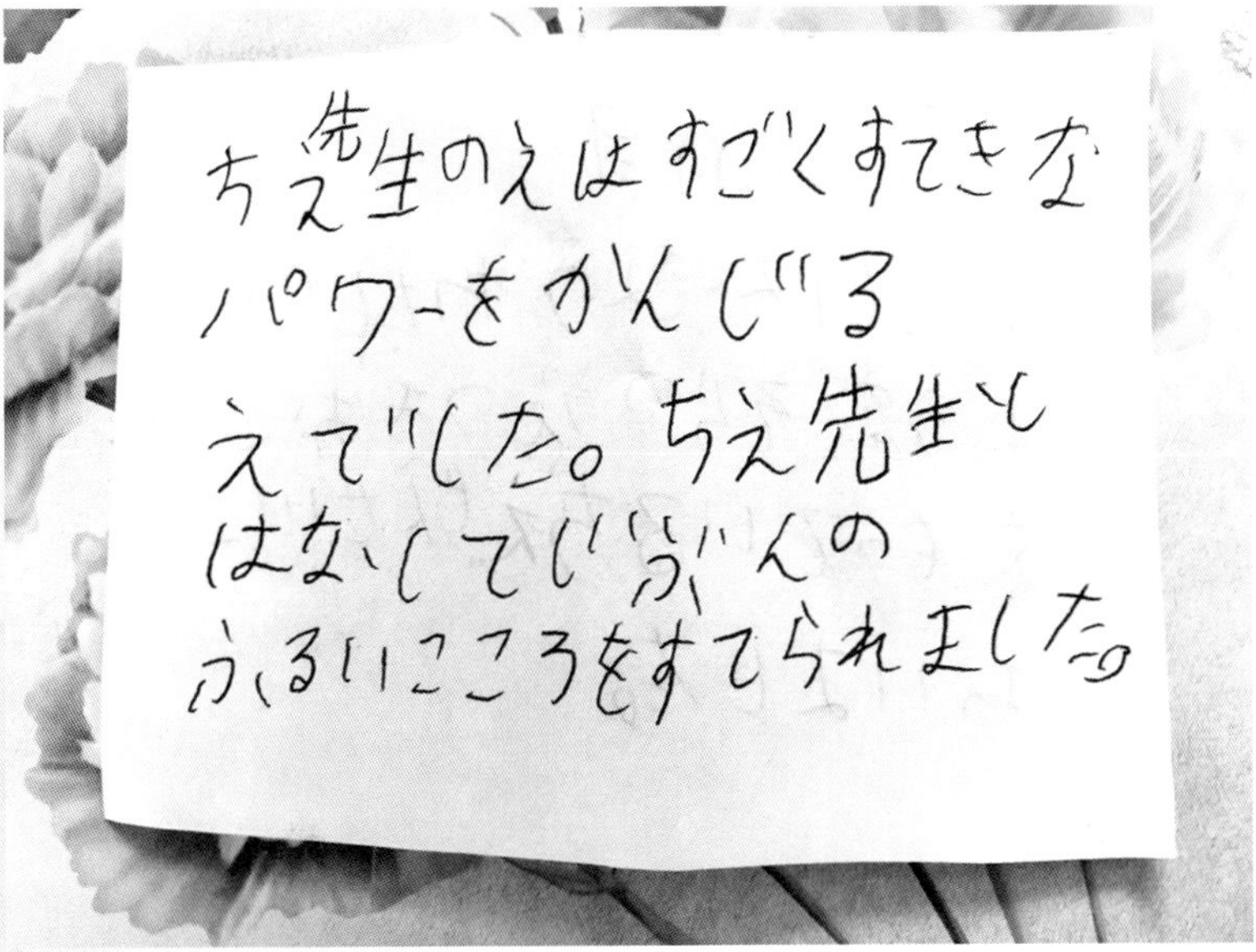
ちえ先生のえはすごくすてきな
パワーをかんじる
えでした。ちえ先生と
はなしてじぶんの
ふるいこころをすてられました。

「お空」でのChie《ちえ》さんは、

みーちゃんが通う「天使の学校」の

音楽の先生でした。

【 お空の記憶《きおく》 ✦ 天使の学校 】

「天使の学校」の音楽教室でみーちゃんが横笛《よこぶえ》、
みーちゃんの妹がハープを、Chie《らえ》さんから教えてもらっている様子です。

【 Chie《ちえ》さんの役割 】

先生だったChie《ちえ》さんは天使の生徒たちより一足早く地球に降《お》りていました。

そして、2010年12月31日23時59分59秒、Chie《ちえ》さんは「準備できたよ。

地球の下見が終わったから降《お》りてきていいよ」と意識《いしき》で天に呼びかけました。

待ち望んでいたその呼びかけに従い、約1万人のスターチルドレンが、
いよいよ地上に降《お》りると発表された時《とき》の様子です。


【memo】スターチルドレン……人類の進化を助ける目的で宇宙からやってきた子どもたちの総称

みーちゃんから見える Chie《ちえ》さんのエネルギー

みーちゃんから見るとChie《ちえ》さんは、

光の絵を描いている時《とき》はもちろん、

人と話している時《とき》も、寝ている時も、

つねに子宮《しきゅう》から、やさしく包みこむような光を

生み出し続けています。

四六時中《しろくじちゅう》、光を生み出し続けるとは、

本来、人間としては不可能なことで、

それができるのはChie《ちえ》さんだけだそうです。

愛の地球

【お空の記憶《きおく》 ✦ 人間の魂《たましい》の過ごし方《かた》】

地上で死を迎《むか》え、肉体から抜けた魂《たましい》は、

それぞれの魂《たましい》の成長に応じて、

魂《たましい》の行く場所が変わります。

「天使の学校」や「神様の学校」に通ったり、

宇宙のいろいろな星に

生まれ変わったりします。

【 お空の記憶《きおく》 ✦ 動物たちの世界 】

地上で亡くなった動物たちの魂は、
肉体を抜けると虹《にじ》の橋を渡って
「お空」に還《かえ》ります。
「お空」の動物の世界では、
動物の女神様が迎《むか》えてくれます。
動物の種類別に居場所があり、
それぞれの場所で魂《たましい》を癒《い》やします。
動物たちがみんなで遊ぶ交流所《こうりゅうじょ》には
お世話をしてくれる存在もいます。

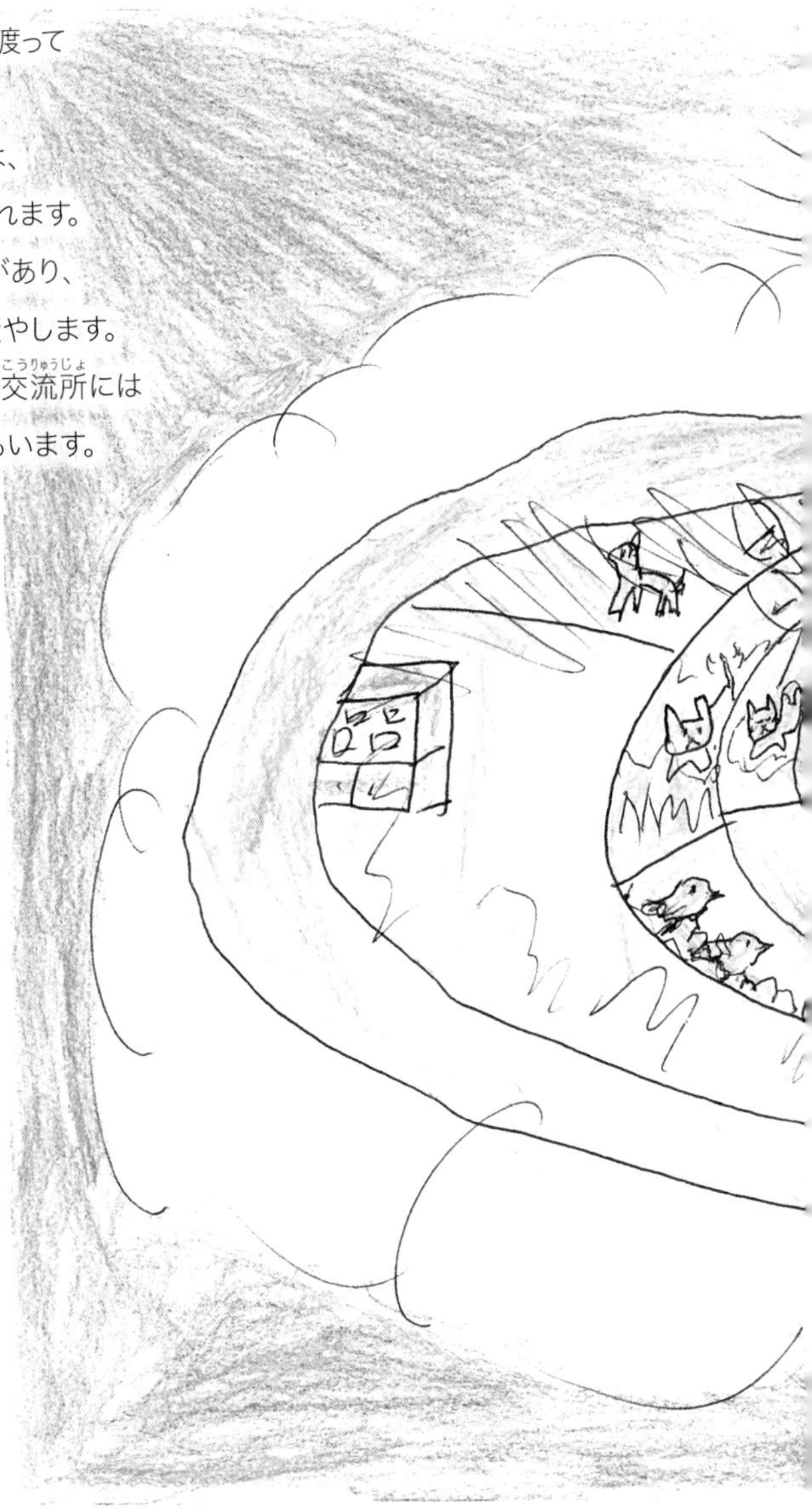

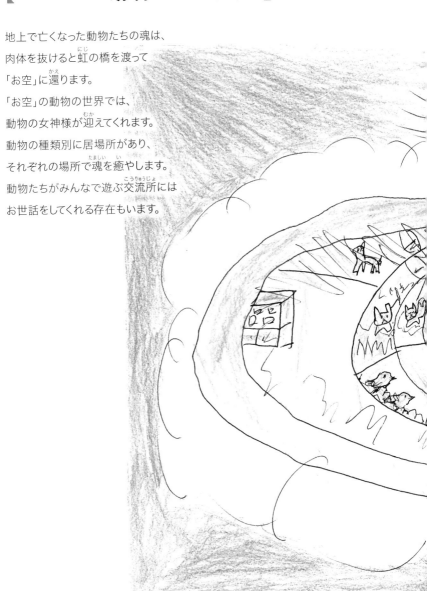

ラムウア
神殿
北米
ハワイ
ラント山脈
チロ山
ラーニャのクリスタル
ロリンの大林
チャーチー
火山
ミロ山脈
首都アスカ
シャスタ山
カシオ泉
ミナング島
ミニラ海
スボラ
ラーヤの大泉
チーノ山
スーヤの
クリスタル
パラ山脈
ミリオ山脈
ロカ山
ユーロニ泉
ルーミ火山
ララト大橋
ラティオの森
ララト島
トトト島

【レムリア大陸の記憶《きおく》✦愛《あい》と調和《ちょうわ》に満ちた場所】

宇宙のサイクルに従って

崩壊《ほうかい》したと言われるレムリア大陸。

みーちゃんは、レムリア大陸では、

人間と人魚の両方を使い分けて

生活していました。

レムリア大陸は、現在の

世界地図の位置関係とは異《こと》なり、

大陸が広範囲《こうはんい》で広がっていました。

レムリアは、争いごとの一切ない愛《あい》と調和《ちょうわ》の

エネルギーに満ちた世界だったそうです。

【 レムリア大陸の記憶 ✦ 動物たち 】

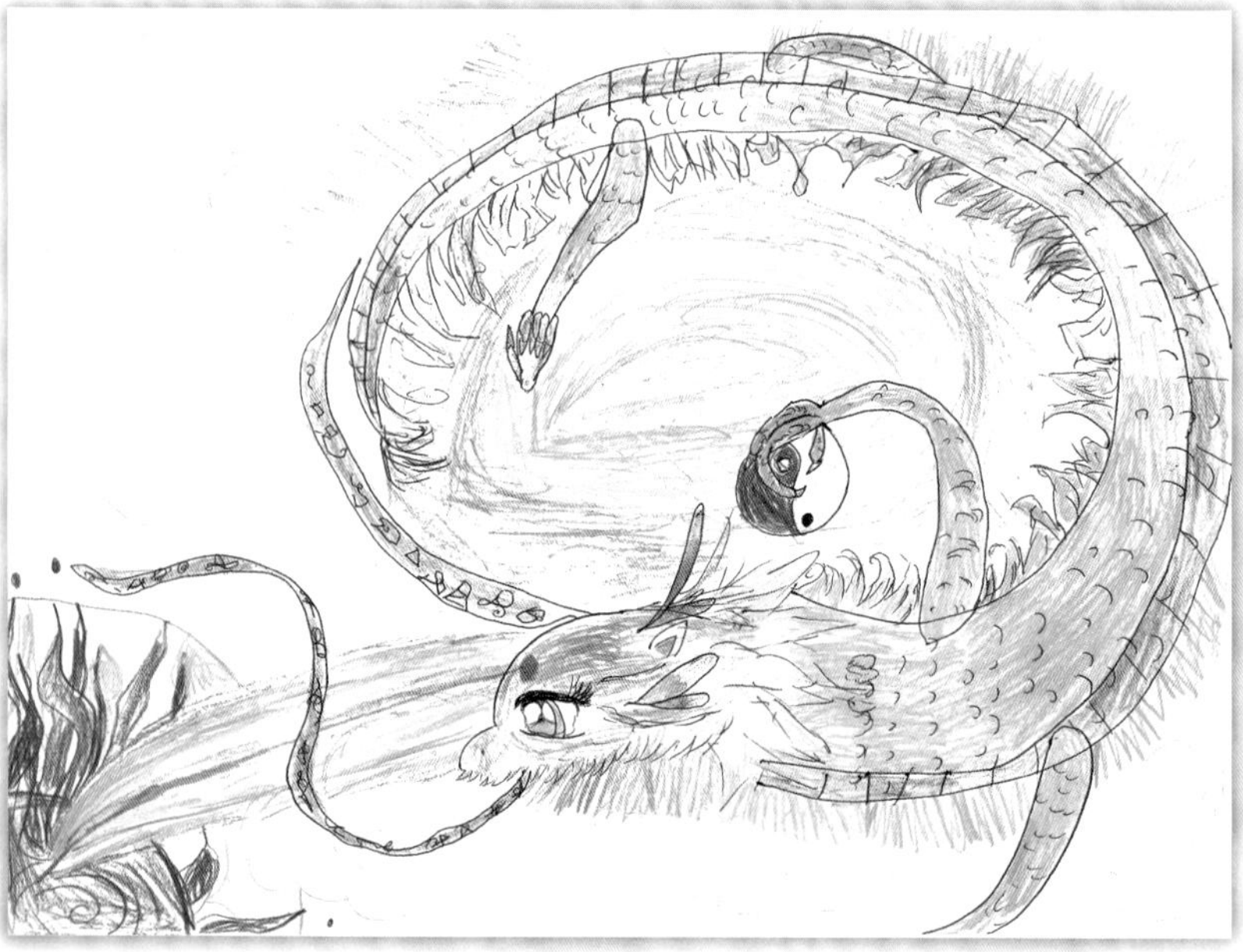

レムリアレインボー龍《りゅう》は、レムリア時代に
地球全体に向けて虹《にじ》のエネルギーを送っていたそうです。

レムリア人は、今では伝説上《でんせつじょう》の生き物とされる

動物たちとともに暮らしていました。

レムリア時代に仲良くしていたユニコーン、

そして別時代ではあるけれど

伝説《でんせつ》のペガサスにみーちゃんは乗っていたことがあるそう。

「お空」での出来事。

「レムリア大陸」での出来事。

こんなふうにみーちゃんは、

魂《たましい》がした経験を尽《つ》きることなく、

Chie《ちえ》さんにお話しました。

もっともっと面白《おもしろ》いお話が

始まります。

宇宙さんと宇宙ちゃんが教えてくれる魂《たましい》の面白《おもしろ》いお話

ChieArt《ちえあーと》　みーちゃん

KADOKAWA

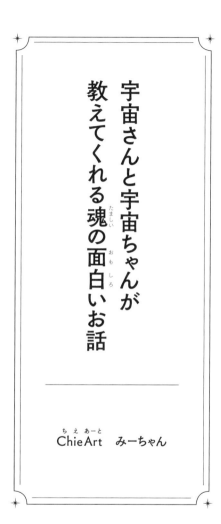

【本書《ほんしょ》の概要《がいよう》】

本書は、光の画家ChieArt《ちえあーと》のYouTube《ユーチューブ》で公開された、宇宙《うちゅう》記憶《きおく》を持つ女の子、みーちゃんの9才から11才の現在までの対談《たいだん》を収録《しゅうろく》し、加筆《かひつ》修正《しゅうせい》の上、再編集《さいへんしゅう》したものです。

これからお読みいただくお話は、みーちゃんの魂《たましい》が時空《じくう》を超《こ》えて、あらゆる次元《じげん》で体験した壮大《そうだい》な記憶《きおく》がもとになっています。言わば、みーちゃんは自分の魂《たましい》の旅の一部をシェアしてくれているのです。

みーちゃんは今世《こんせ》でこそ、肉体を持って生まれてきていますが、長い間、お空で魂《たましい》という光の意識体《いしきたい》で存在し、ときに天界《てんかい》（お空）の「天使の学校」で学んだり、ときに地球のレムリア大陸に人魚や人間として生まれたりしてきました。

はじめに

こんにちは、ChieArt《ちえあーと》です。

私は、光ばかりを描《えが》き続けている画家です。

この本は、一昨年《いっさくねん》から始めた私のYouTube《ユーチューブ》チャンネル『光のことだま』がもとになっています。

その中で、生まれてくる前の記憶《きおく》を持つ、みーちゃんという小学生の女の子と対談《たいだん》している回があるのですが、宇宙のしくみや、魂《たましい》、神様、地球の未来についてなど、いろいろなお話をしてもらった中で、特に人気の高かった13話に、今回、新たにうかがったお話を加《くわ》えて、まとめ直したものになります。

私とみーちゃんの出会いは、今から約5年前になります。

私が紡《つむ》ぐ世界観《せかいかん》を昔から好きでいてくださったお母さんに連れられて、個展《こてん》に来てくれたことがきっかけでした。そのとき、小さな女の子が私の姿をずっと目で追いながら、無《む》性《しょう》に何かを話したそうにしていたことが心に残りました。

けれどもそのときは、ほかにもたくさんの来場者《らいじょうしゃ》がいたため、気になりながらも、話を聞いてあげることはできませんでした。その後《ご》、また個展《こてん》や講演会《こうえんかい》などに来てくれていたこともあり、だんだんと話をするようになって、出会いから3年後の2021年、みーちゃんが9才のときに、ふたりの対談《たいだん》が始まったのです。

ところでみなさんは、地球の大変容《だいへんよう》をサポートするために生まれてきた、レインボーチルドレンと言われる光のような子どもたちがたくさんいることをご存じでしょうか。レインボーチルドレンは、強い感受性《かんじゅせい》と、純粋《じゅんすい》さ、霊的《れいてき》に覚醒《かくせい》した魂《たましい》の持ち主だと言われています。地球の波動《はどう》を上げるために、癒《い》やしのエネルギーを持って降《お》りてきてくれています。また、宇宙の記憶《きおく》を持って生まれてきている子も少なくありません。じつは、みーちゃんもその一人なのです。

みーちゃんによると、宇宙は約2万6000年のサイクルで大きな変容《へんよう》をくり返しているそうです。私たちは、まさにその周期《しゅうき》の変わり目、大変化の真ったただ中にいます。

長い間、ずっと刷《す》り込《こ》まれてきた、かたよった常識《じょうしき》や価値観《かちかん》が崩《くず》されていき、その代わりに新しい価値観《かちかん》が次々と上書《うわが》きされていっているので、加速《かそく》している変化の流れを肌《はだ》でかんじている人もたくさんいると思います。

目に見える物質的《ぶっしつてき》なものよりも、目には見えないものの中に、大切な価値《かち》を見いだす人が増《ふ》えてきているのも、きっと地球が愛《あい》と調和《ちょうわ》の星に向かっている影響《えいきょう》を、私たちがどこかでかんじ取っているからでしょう。

競《きそ》い合うのではなく助け合う、所有《しょゆう》するのではなく分かち合う。

すべての命に感謝《かんしゃ》しながら、みんながそれぞれ心平和《こころへいわ》に暮《く》らしていくことができる、そんな夢《ゆめ》のような世界が現実《げんじつ》となる日は、そう遠くはないと思っています。

完全にそこにたどりつくまでは、不安をかんじたり、ゆさぶられるようなことが起きるかもしれませんが、そんなときこそ、思い出してほしいのです。

このとてつもない壮大な変化の時期に合わせて、わざわざこの地球に生まれてきている私たちは、どの人もみんな、驚《おどろ》くほど勇敢《ゆうかん》な魂《たましい》であるということを。

私たちは本来、一人ひとりが大きな光の存在です。この本がそのことを思い出す、一つのきっかけとなれたなら、心からうれしく思います。

光の画家　ChieArt《ちえあーと》

みーちゃんの
お話のポイント

みーちゃんの魂《たましい》の記憶《きおく》はじつにバラエティーに富んでいるので、手引《てび》きとなるお話のポイントをご紹介しておきましょう。

最初にお伝えしておきたいのは、みーちゃんは氷の女神《めがみ》だったことがあり、魂《たましい》のベースにそのエネルギーを持ち続けていることです。なので、あらゆるお話の中で、そのことが時折《ときおり》出てきます。たとえば、みーちゃんは大きな氷が体をつらぬくイメージをして自分軸《じぶんじく》がブレないようにしたり、今日《こんにち》においてもそのエネルギーを使っています。

お空の世界について

お空、天界《てんかい》とみーちゃんが言っている場所には、魂《たましい》の学校や天使の学校、神様の学校があるなど、興味深《きょうみぶか》い世界が広がっています。

また、神様という概念《がいねん》も、この地上で私たちが崇《あが》め、たてまつる神様との関《かか》わり方《かた》とちょっとちがいます。


また、みーちゃんは、お空では天使の学校に通っていたそうです。その記憶《きおく》のお話をたくさんしてくれています。

（1話「お空に還《かえ》る魂《たましい》のお話」、3話「神様の世界のお話」、5話「天国に還《かえ》った動物たちのお話」）

レムリアの世界について

今、地球は5次元《じげん》に上昇《じょうしょう》していて、それが定着《ていちゃく》すると約1万2000年前まで地球にあったとされるレムリア大陸のような調和的《ちょうわてき》なエネルギーに満《み》ちた場所へともどると言われています。なお、レムリアは5次元《じげん》にあったと言われています。

みーちゃんが、レムリア時代の記憶《きおく》をとても鮮明《せんめい》に覚えていることや、私たちがこれから迎《むか》える「新生地球《しんせいちきゅう》」のイメージを高めていただけたらという思いも込《こ》めて、レムリアのお話を充実《じゅうじつ》させています。

レムリア大陸は、自然環境《しぜんかんきょう》は地球原初《ちきゅうげんしょ》そのもので、汚染《おせん》もなく、動植物《どうしょくぶつ》、鉱物《こうぶつ》たちとも調和《ちょうわ》し、今の3次元《じげん》の周波数《しゅうはすう》ではとらえられない、ユニコーンや人魚など、今では伝説とされる生き物たちも実在《じつざい》していたと言われます。

レムリア人は、みんながサイキック能力《のうりょく》を持っていて、テレパシーで意思疎通《いしそつう》をすることもできました。レムリアには病気が存在せず、人々は何万年も生きることができました。一人ひとりが自分の魂《たましい》の目的を生き、争うことなく、愛《あい》と調和《ちょうわ》の中で暮《く》らしていました。

みーちゃんは、レムリア大陸では人魚と人間の両方を使い分けていました。レムリア大陸が崩壊《ほうかい》したときは、人魚やピンクイルカの家族とともに群れになってアトランティス大陸へ逃《に》げました。アトランティスでは前半は人間として、後半は人魚に変身して暮《く》らしていたことが多かったそうです。

（4話「完全なる愛《あい》と調和《ちょうわ》の世界がよみがえるお話」、7話「『新生地球《しんせいちきゅう》』に向けて魂《たましい》の再会《さいかい》が次々に起こるお話」）

新生地球《しんせいちきゅう》へ向かうための心がけについて

現在、地球は3次元《じげん》から5次元《じげん》へと次元上昇《じげんじょうしょう》しています。次元上昇《じげんじょうしょう》をしているということは、波動《はどう》が

地球の次元上昇のタイムライン

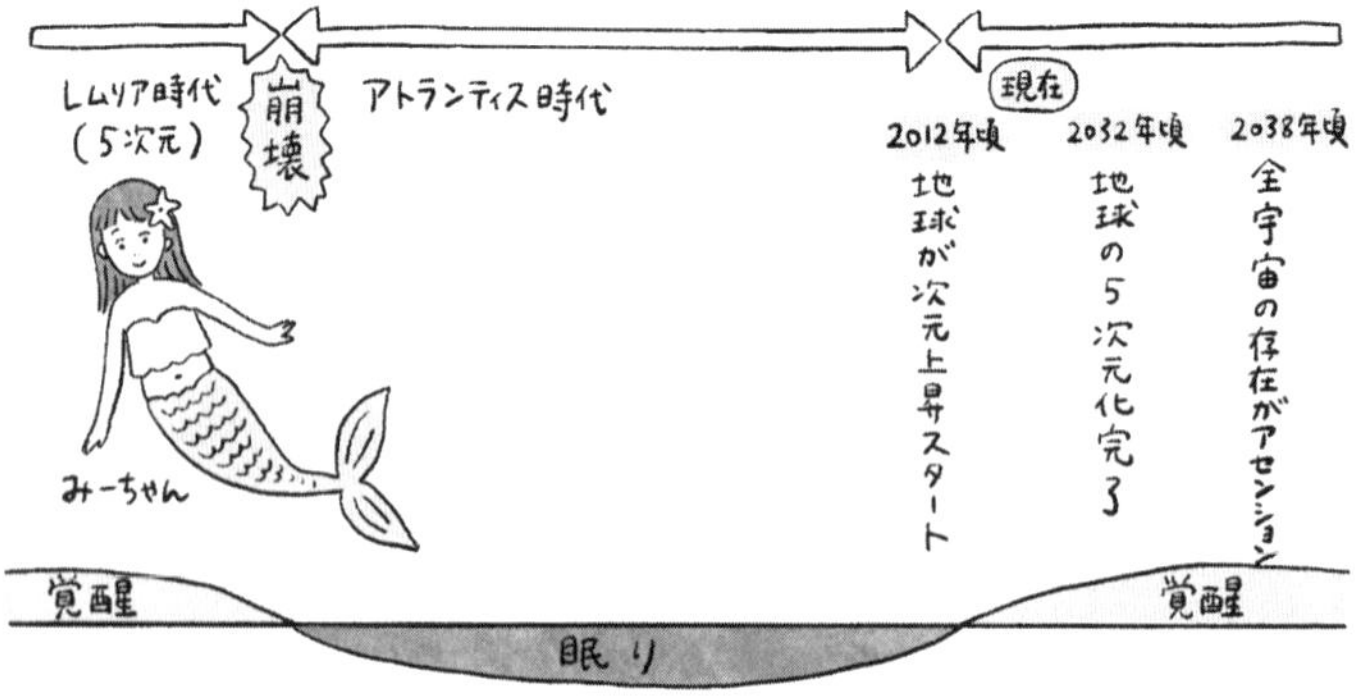

上がっていることと同じ意味です。

「波動《はどう》が低い、高い」というのは、周波数《しゅうはすう》のちがいのことを指《さ》しています。次元上昇《じげんじょうしょう》していくほど、周波数《しゅうはすう》は高くなっていきます。

わかりやすくいうと、波動《はどう》が高いとは、心地《ここち》よさ、感謝《かんしゃ》、愛《あい》、共感《きょうかん》、よろこび、安心、おだやかさをかんじているような状態《じょうたい》です。一方、波動《はどう》が低いとは、不安、いらだち、あせり、怒《いか》り、恐怖《きょうふ》、自己否定《じこひてい》、悲《かな》しみなどをかんじているような状態《じょうたい》です。

つまり、自分が波動《はどう》の高い状態《じょうたい》を保てるほど、地球の次元上昇《じげんじょうしょう》の流れにいっしょに乗っていけるということになります。

もしあなたが、自分という光を輝《かがや》かせて自分らしく自由に生きていきたいと思うなら、波動《はどう》を高めていくとよいでしょう。みーちゃんが教えてくれた自分の整え方や、心がブレてしまったときの自分軸《じぶんじく》へのもどし方、物事のとらえ方《かた》などが、自分の在《あ》り方《かた》をふり返る参考になるでしょう。

（2話「女性性《じょせいせい》と男性性《だんせいせい》のお話」。6話「近未来《きんみらい》の地球のお話」、8話「地球の大転換期《だいてんかんき》の今、伝えておきたい大事なお話」）

✴ もくじ

1話　お空に還《かえ》る魂《たましい》のお話

2話 女性性《じょせいせい》と男性性《だんせいせい》のお話

3話 神様の世界のお話

4話　完全なる愛《あい》と調和《ちょうわ》の世界がよみがえるお話

5話　天国に還《かえ》った動物たちのお話

6話　近未来《きんみらい》の地球のお話

7話　「新生地球《しんせいちきゅう》」に向けて魂《たましい》の再会《さいかい》が次々に起こるお話

8話　地球の大転換期《だいてんかんき》の今、伝えておきたい大事なお話

巻頭イラスト･本文イラスト …………みーちゃん
図解 …………………………………木波本陽子
本文デザイン………………………bookwall
DTP …………………………………荒木香樹
校正 …………………………………あかえんぴつ
編集協力 ……………………………林美穂
スペシャルサンクス ………………みーちゃんのお母様
編集 …………………………………清水静子（KADOKAWA）

プロローグ

生まれる前の記憶《きおく》を持つ女の子との出会い

あなたは、こんな疑問《ぎもん》を持ったことはありませんか？


「私はなぜ生まれてきたの？」

「なぜこの両親のもとに生まれてきたの？」

「生まれてくる前の世界はどんなかんじ？」

「神様ってほんとうにいるのかな？」


そんな疑問《ぎもん》に、みーちゃんという小学6年生の女の子が答えてくれます。

みーちゃんは、生まれてくる前の記憶《きおく》を持っています。

よく言葉を話せるようになったばかりの幼児《ようじ》が、生まれる前の記憶《きおく》や、どうしてお母さんを選んだかといったことを話し出すことがあるようですが、みーちゃんのお話は個人の記憶《きおく》だけにとどまらない、私たちの魂《たましい》の普遍性《ふへんせい》をかんじさせてくれる本質的《ほんしつてき》な内容です。

みーちゃんのお話のくわしさや高い語彙力《ごいりょく》に、あなたは驚《おどろ》くかもしれません。

それは、みーちゃんが魂《たましい》の世界について伝える役割《やくわり》があるからだそう。「たっくさんみんなに伝えることを学んでから地球に降《お》りてきたの」と、教えてくれました。

Chie《ちえ》先生と話して自分の古い心を捨てられました

私とみーちゃんの出会いは、2018年、初めてChieArt《ちえあーと》の個展《こてん》に来てくれたときです。

一人の女の子が、「なつかしいなあ」という表情で、真《ま》っすぐ私のほうを見ていました。駆《か》けよってくると、「Chie《ちえ》さんだったらお空のことを覚えてるよね」と言って、天界《てんかい》のことを少しお話ししてくれたのです。

どうやら私は天界《てんかい》で彼女の学校の先生だったらしい。あいにくその記憶《きおく》は、私にはありません。ただ、みーちゃんのお話の内容は驚《おどろ》くほどクリアで、私の中に強く印象に残りました。

翌年《よくとし》の個展《こてん》にも、みーちゃんはお母さんと遊びに来てくれました。

個展《こてん》では入れ替《か》わり立ち替《か》わり人が出入《ではい》りし、どなたかとゆっくりお話しすることはかないません。それを察《さっ》して、みーちゃんは手紙を書いてきてくれたのです。

「9月24日、中秋《ちゅうしゅう》の名月《めいげつ》。私は今日、私のような空の上の記憶《きおく》を持っているChie《ちえ》先生に会いました。

Chie《ちえ》先生の絵はすごくすてきなパワーをかんじる絵でした。Chie《ちえ》先生と話して自分の古い心を捨てられました。」

〝Chie《ちえ》先生と話して自分の古い心を捨てられました〟

7才の小さな女の子が書いたこの一文を読んだとき、思わずぐっと胸が熱《あつ》くなりました。

〝古い心が何を意味するのか。私に何を伝えたいのだろう〟そう思いました。

私はみーちゃんのお母さんに連絡をして、再会《さいかい》の約束をしました。私のアトリエで初めてゆっくりお話ししたのは、2021年。最初の出会いから、すでに3年が経《た》っていました。

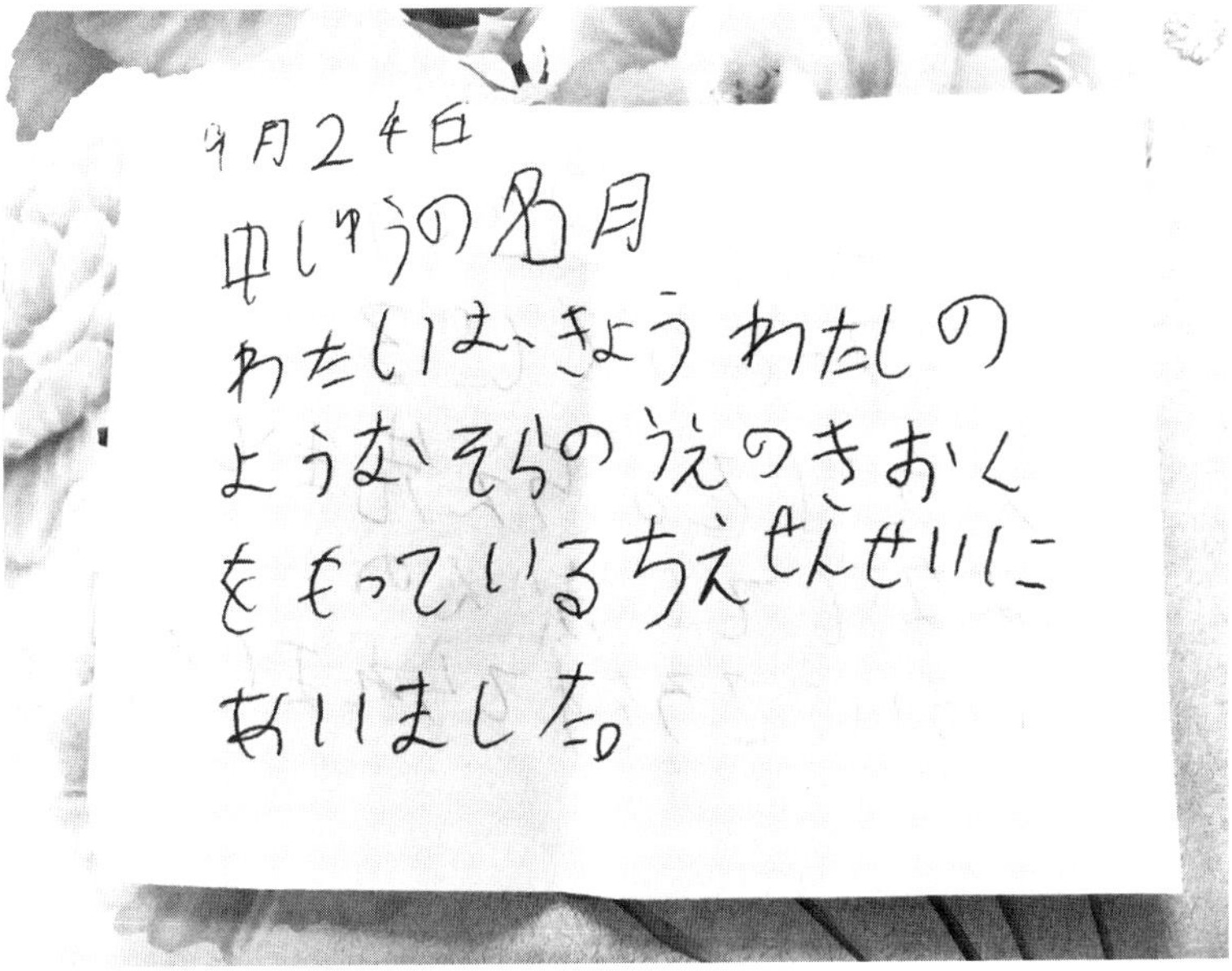

9月24日
中しゆうの名月
わたしは、きょうわたしの
ようなそらのうえのきおく
をもっているちえせんせいに
あいました。

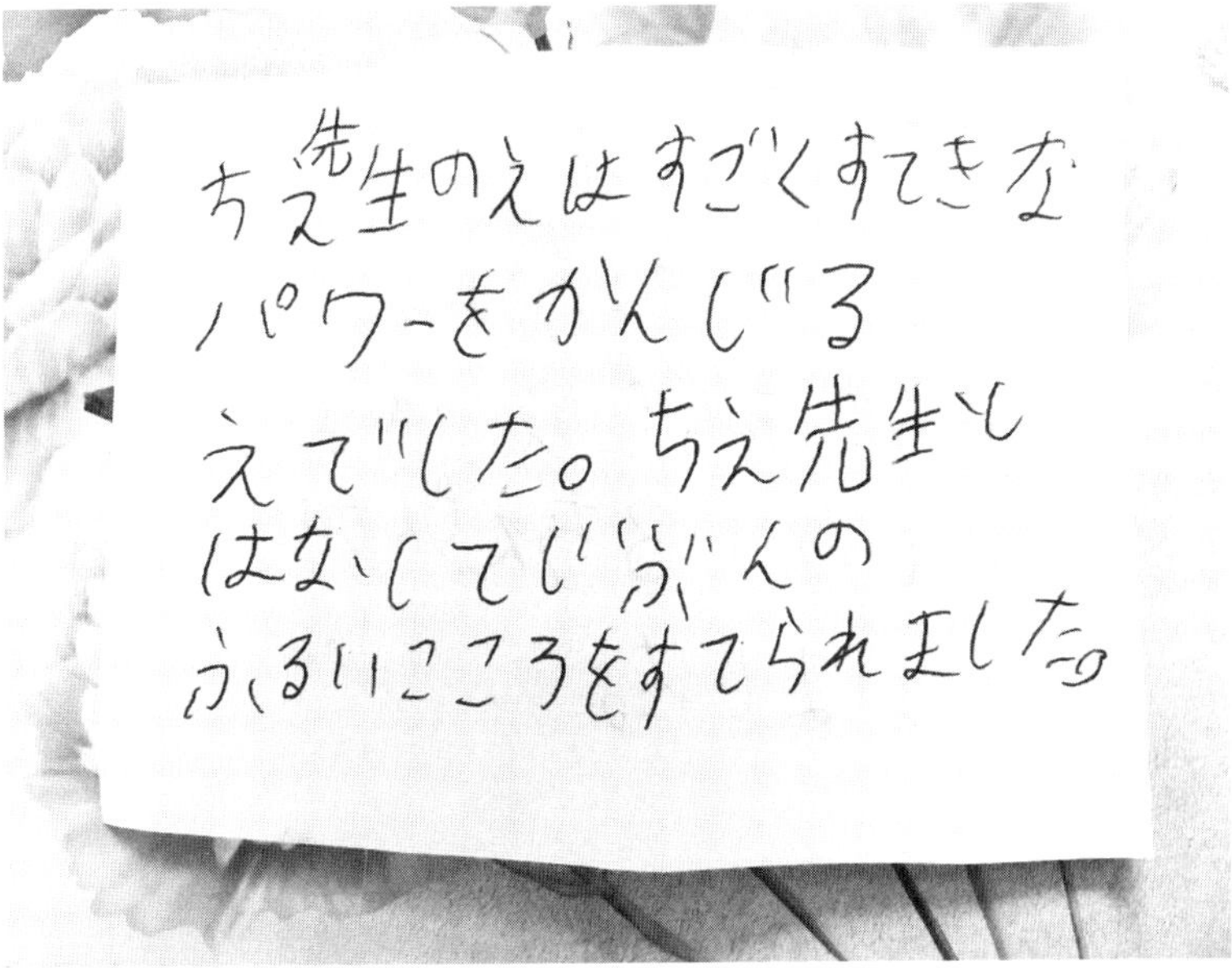

ちえ先生のえはすごくすてきな
パワーをかんじる
えでした。ちえ先生と
はなしてじぶんの
ふるいこころをすてられました。

みーちゃんがChie《ちえ》さんに手渡《てわた》した手紙です。お空の天使の学校でみーちゃんの音楽の先生だったChie《ちえ》さんへのみーちゃんの思いが込《こ》められています。

子どもたちは地球の宝

私とみーちゃんは、それこそ親子以上に年がちがいます。でも私は顔を合わせると、まるで同年代の気の合う友だちに会っているような気持ちになります。そして、いつもみーちゃんのお話から多くの気づきをもらっています。

たとえば、「なぜ私が描《か》く光の絵で奇跡《きせき》のようなことが起きたという人がたくさんいるのか」「なぜ子どもたちが私の個展にたくさん集まってくるのか」といったことです。

そのほかにも、私一人だけで受け取るのはもったいないと思うようなお話がたくさんありました。

そういったことから、みーちゃんのピュアな言葉と思いを、みなさんにも届けたらどうかしら？　と話をしたところ、「よろこんで！　うれしい」と言ってくれたのです。そういう流れから、ChieArt《ちえあーと》のYouTube《ユーチューブ》チャンネル『光のことだま』の特別編《とくべつへん》として、少しずつふたりの会話を配信するようになりました。

みーちゃんは、宇宙の叡智《えいち》を持っていて、大人が知らないようなこともたくさん知っているのですが、肉体的にはやはり小学生です。決して無理強《むりじ》いしたりせず、もし彼女がお話することを望まないときがきたら、すぐにやめるというスタンスでずっとやってきています。

私は、みーちゃんに限らず子どもたちは、地球の宝だと思っています。

今の子どもたちは、大人以上にいろいろなことが見えていて、理解《りかい》しているとかんじています。だからこそ、未来の地球を作る子どもたちの足を引っぱらないようにしなくては。そう心からかんじるのです。

ほんとうにありがたいことに、みーちゃんは私と会って話をすることをとても楽しみにしてくれています。私が紡《つむ》ぎ出す世界も大好きでいてくれています。なので、同じように光の世界が好きで集まってきてくださる方たちに、自分の知っている宇宙の叡智《えいち》を伝えられたらという気持ちで、よろこんでお話をしてくれています。

その思いがわかるからこそ私もありがたく受け取ってシェアさせていただいています。

YouTube《ユーチューブ》での配信《はいしん》もそうですが、今回、この本のお話をいただいたときも、少しでも役立つものがお届けできるならという思いで、新《あら》たに追加収録《ついかしゅうろく》をするなどして、心を込《こ》めて取り組ませていただきました。

けれども、私は決して上手《じょうず》な聞き手ではありませんから、「私でほんとうにいいのかしら？」と思うときもあります。

みーちゃんにも、Chie《ちえ》さんではなくて、もっとほかにお話しをしたい人がいたら、その人とどんどんやっていいのはもちろんだし、どんなときもChie《ちえ》さんに遠慮《えんりょ》したり、こだわったりしないでいいからね、というお話は折《おり》に触《ふ》れてしています。

すると、みーちゃんはいつも決まって「Chie《ちえ》さんだからお話できるの。Chie《ちえ》さんだから引き出してもらえるの」と、言ってくれるのです。

引き出すというのは、言葉で引き出すというのではなく、みーちゃんと私の間でエネルギーの交流が起きていて、会うことで彼女の中でどんどん魂《たましい》の記憶《きおく》が鮮明《せんめい》に思い出される部分があるのだと思います。

私としては、今はその役目としてみーちゃんとごいっしょさせてもらってると受け止めていたりもします。

自分の光をもっと大きく輝《かがや》かせるタイミングにいる

あなたにとっては驚《おどろ》くべき、衝撃的《しょうげきてき》な内容も、中にはあるかもしれません。

ただ、11歳の女の子の話していることをそのまま信じてくださいと思ってはいません。

これが絶対的に正しいと言いたいのでももちろん、ありません。

私たちは、一人ひとりが認識《にんしき》している「真実《しんじつ》の世界」というものがあって、それぞれがった解釈《かいしゃく》や価値観《かちかん》を持っているのは当たり前のことなので。


ただ、みーちゃんもお話ししてくれていますが、私たちは今、大きな時代の転換期《てんかんき》にいます。ここに来て、変化はより加速《かそく》して、意識《いしき》のふるい分けのようなことが起きているそうです。

そのときに、今世《こんせ》でおわらせるべき自分が持っている課題《かだい》が浮《う》き彫《ぼ》りになって、今まで通《どお》りに事が進まず戸惑《とまど》ったり、大きな壁《かべ》にぶつかったりして、もがき、苦しむこともあるかもしれません。

みーちゃんはこうも言っています。

「今起きている出来事はぜんぶ、自分が目指している光の方向に進む道の途中だから。もうおわりに近づいてるから、今あきらめないでね」

私たちの意識《いしき》は、まちがいなく本質《ほんしつ》の光に近づいているのです。

この本を手にしてくださった方は、ご自身の光をこれからもっともっと大きく輝《かがや》かせていく方だと、私はかんじています。

この本を読んで、「ああ、そうなんだ」と悩んでいた気持ちがふっと軽くなったり、何かしらの気づきを得《え》る方《かた》が一人でもいらっしゃったら、こんなにうれしいことはありません。

どうぞみーちゃんと宇宙遊泳《うちゅうゆうえい》でもする気分で、リラックスしてお読みいただけたら幸いです。

1話

お空に還《かえ》る魂《たましい》のお話

魂《たましい》はおなかから抜《ぬ》けてお空に還《かえ》る

みーちゃんは、お空の世界のことをよく覚えているでしょう？　みんなそれにとても興味《きょうみ》を持っているのね。たとえば、亡《な》くなってお空に還《かえ》るときはどういうプロセスをたどるのかな、とか。教えてもらえる？

亡《な》くなったら、まずね、体を脱《ぬ》いで意識《いしき》だけの存在にもどるんだけど、体を動かしてたスイッチを切るの。

そのスイッチはどこにあるの？

うーん、頭の横、このへん。

こめかみ？

そのあたり。電気のスイッチをオン、オフするみたいに体に入ってるエネルギーを切ると力が抜《ぬ》けるから。1回体をオフにしてから意識《いしき》が抜《ぬ》けるかんじ。

意識《いしき》は、魂《たましい》とイコールというふうにとらえていいかしら？

うん。大丈夫。

「額《ひたい》の真ん中の第3の目からふわっと魂《たましい》が抜《ぬ》ける」とか、臨死体験《りんしたいけん》をした人の中には、「背中から意識《いしき》が抜《ぬ》ける」という人もいるけど、みーちゃんのかんじでいうと、どこかから抜《ぬ》ける前に、一度スイッチを切るのね。

スイッチを切って、おなかの真ん中にまん丸くきゅってなってから、シュッって抜《ぬ》ける。お母さんのおなかに入るときも、まん丸くなって、まずお母さんのおなかに落ちて、お母さんと自分のエネルギーを合わせてから、シュッって奥《おく》に入って行くのだけど、その逆版《ぎゃくばん》をするかんじ。

それはおへそのあたり？　もう少し下の子宮《しきゅう》あたりから抜《ぬ》けるの？

おへそあたりかな。お母さんのおなかに入るときは、イスに座るみたいに、シュッ

て入る。逆に抜《ぬ》けるときは、立ったままでシュッて抜《ぬ》ける。

それはみんな同じなのね。

人はそうね。でも動物はちがう。

動物はどんななの？

動物が、体を横向きにして脚《あし》を揃《そろ》えて寝《ね》てる状態《じょうたい》があるでしょ？　そんな形のまま、シュッってお母さんのおなかに入る。抜《ぬ》けるときも同じように脚《あし》を揃《そろ》えた状態《じょうたい》で、体を倒《たお》しておなかから横にシュッて抜《ぬ》ける。

横に倒《たお》れている状態《じょうたい》でも、背中から入ったり、抜《ぬ》けたりするんじゃないのね。

そう。おなか側から。

意《い》識《しき》がお空で行く場所は？

人間に話をもどすね。意識《いしき》が体を離れたあとは、一般的《いっぱんてき》には、お花畑とか、三途《さんず》の川と言われるところに行って、お迎《むか》えがくると聞いたりするよね。

みーちゃんは、ちゃんとした肉体を持って地上に来たのが今回初めてで死んだことがなくて。だから、自分の経験としてはわからないんだけど、仲間から聞いた話をするね。
意識《いしき》が抜けたら、まず、生まれるときに持ってきた、お塩のような清《きよ》めるための白い粉を肉体にかけると、掃除機《そうじき》のホースみたいな筒《つつ》が目の前にウイーンって伸びるのね。それにシュッて吸《す》い込《こ》まれるというか、入る。

ホースはトンネルみたいになってるの？

そうそう。そのホースみたいなのは、亡《な》くなるまでに地上でいいことをいっぱいしていたら、金色《きんいろ》でフワフワの極上《ごくじょう》のクッションみたいのに座って行けたり、イルミネーションみたいにキラキラした光のトンネルの中をふわーって抜けたり。やってきたことに応じてちがって、行く場所もそれぞれちがう。

意識《いしき》が抜けたら、すぐにお迎《むか》えが来るわけじゃないのね。

トンネルをふわーって抜けた先に、たとえば、地球にくる前、お空にいたときからの魂《たましい》の仲間が先に還《かえ》っている場合は、その意識《いしき》たちが迎《むか》えに来るときもあるし、「一人で大丈夫です」という意識《いしき》の場合は、単独《たんどく》で行動することもあるのね。

お空に還《かえ》ると、みんなどんなことをするの？

まずは、1回休むかな。トンネルを抜けたら、5次元《じげん》以上へ行く選択《せんたく》をした人は街みたいなところに出るから。街の入り口のタッチパネルみたいなので行きたい場所を検索《けんさく》できるようになってるの。たとえば、温泉とか。癒《い》やしの国みたいな場所もあって。そこでは経験したことによる傷《きず》にお薬を塗《ぬ》って治すお医者さんみたいな意《い》識《しき》がいるのね。そういう休憩所《きゅうけいじょ》みたいな場所で、魂《たましい》はしばらくゆっくりします。

ほかの星に行ったりもできる？

死《し》を迎《むか》えた人間の魂《たましい》はお空に還《かえ》ると、一旦休憩《いったんきゅうけい》したあと、天使の学校や神様の学校や宇宙のさまざまな星に生まれ変わるなど、それぞれに魂《たましい》の旅を続けます。

できる。面白《おもしろ》い話だと、宇宙大旅行して、いっぱい星を回って、その星にだけあるお花を食べたりとか。

生まれ変わる前に魂《たましい》のシナリオ、ブループリントを作る

魂《たましい》が温泉に行ったり、傷《きず》を治したり、宇宙旅行をしたり、休憩《きゅうけい》したあとは、どうするの？

そのエネルギーによるんだけど、天界《てんかい》での役割《やくわり》がある意識《いしき》はそれをする。たとえば、宇宙《うちゅう》銀行《ぎんこう》には、地球で人をよろこばせたり、助けたり、いいことをすると金の粉みたいなのが貯まっていくのね。その番人の役割《やくわり》をする意識《いしき》もいて、地球の様子をモニターで観《み》て、ある人がだれかにプレゼントを渡《わた》してよろこばせたら、レバーを回して金粉《きんぷん》を出してその人の口座《こうざ》に貯めるとか。でも、ほかの星に生まれ変わったりする意識《いしき》もいるから、ほんと、いろいろ。

また地球に降《お》りて人間になる意識《いしき》もいるよね。その場合、生まれ変わる前、魂《たましい》のシナリオっていうのかな。ブループリントとも言うけれど、そういうのは作るの？

決めてくることは、あるよ。

それは地球ではない別の星に行きたいときも、決めるもの？

たぶん。みーちゃんはただ意識《いしき》として存在して、地球について勉強することが多いのね。だから、あんまりほかの星に生まれたことがないから確かではないんだけど、たぶん書くよ。台本みたいなのがないとわからないだろうから。

よく子どもがお空から地上を見て、親を選ぶという話を聞くでしょ。でも、以前みーちゃんと話してて、全員が全員、親との関わり合いを第一優先《だいいちゆうせん》に生まれてくるのでもなくて、友だちと会う約束に重《おも》きを置いている場合は、親との縁《えん》が薄いと教えてもらって、なるほどなと思ったの。

「ここでこの人と出会う」とか、「この親のもとに生まれる」とか、そういう計画は意識《いしき》が一人で決めてるの？

MEMO ブループリント……魂《たましい》のシナリオ、設計図、計画書と言われるもので、人生の目的や出会う人、起こる出来事などが書かれているんだよ。

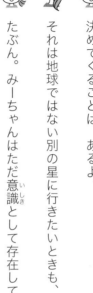

そう。一人でシナリオを書くの。わかりやすく言うと、その人がやりたいことを、まず項目《こうもく》に出して、生まれてから育っていくのに沿って組み立てていくかんじ。

出会う人とは、双方合意《そうほうごうい》の上で生まれてくる

生きていく上では、人といっぱい関わるじゃない？　たとえば、「だれだれと会う」と書いていても相手がわかっていないと……。

合意《ごうい》がないとね。相手が同じタイミングで同じことをしていないと、からぶって一人で勝手にしゃべってたりして「一体、何をやってるんですか」となっちゃうから。生きていく上で会う人、たとえば私とChie《ちえ》さんもそうだし。一人ひとりがシナリオを書くけど、関わる人といっしょに決めてる部分もあるの。役者さん同士の打ち合わせみたいに。たとえば、お母さんにしたら、一方的に選んで、生まれてこられても、ちょっと困るというか。

そうよね。ということは、本来の自分、ハイアーマインドとか、ハイヤーセルフと

いうけれども、そういう本来の自分の意識《いしき》が一人で決めている部分もあるけど、関わる人たちみんなで決める部分もかなり多いでしょうね。

お母さんになる意識《いしき》といっしょにシナリオを書くでしょ。お母さんは先に生まれて地上で生活してるから、生まれてくる予定の子は、モニター室みたいなところから、「お母さんは今何してるかなー？」って見てることもよくあるよ。

みんなそうなの？

見たい子は見にいくかんじ。大きい建物《たてもの》があって、半円のような部屋の一番出っ張ってるところに窓がついてるのね。そこにまん丸い穴があって、望遠鏡《ぼうえんきょう》が入ってる。そ

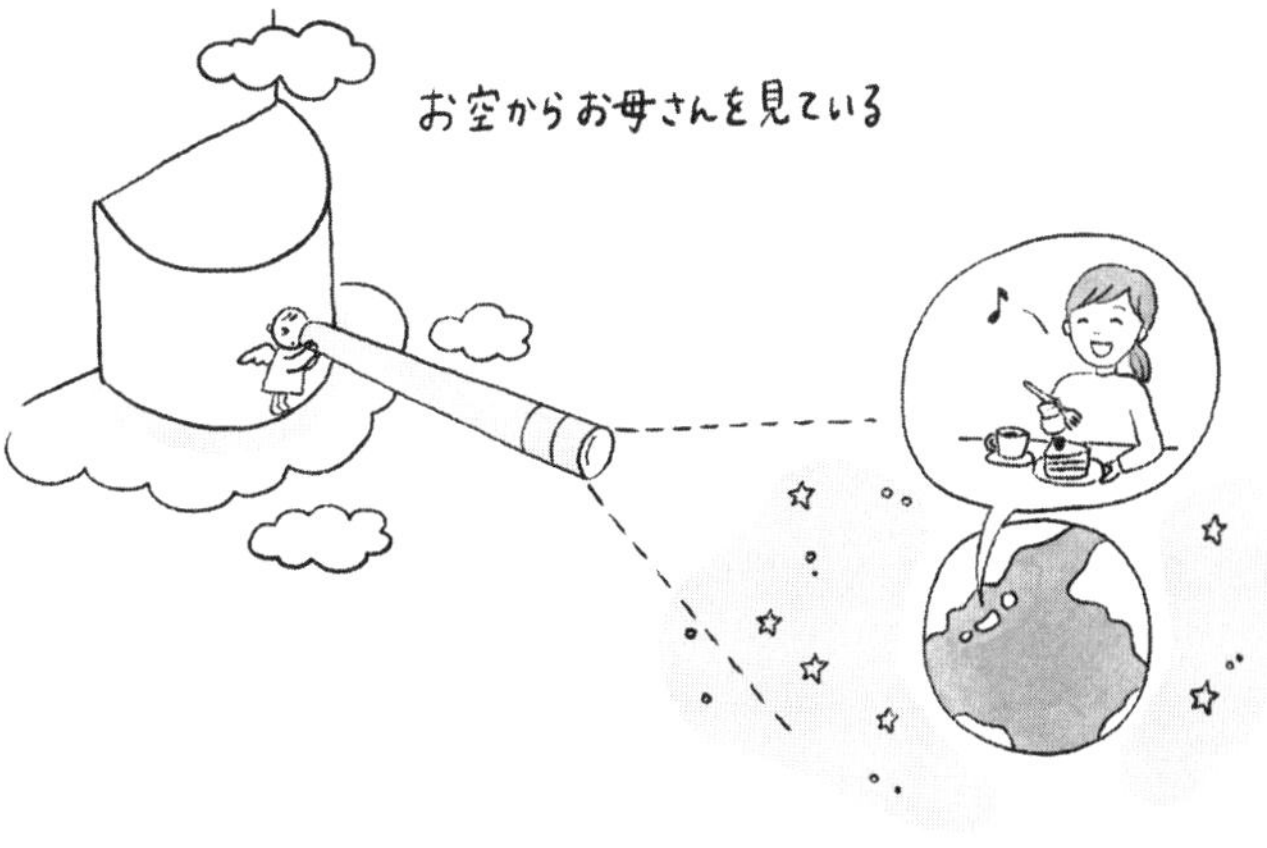

のとなりにパネルみたいなのがあって、「だれを探していますか？」って。それで選択《せんたく》して、お母さんの様子をじっと見たりするの。お母さんが何か食べてると、「僕《ぼく》も生まれたらあれを食べさせてもらおう」とか言ってたり。

たとえば、魂《たましい》の成長のために、今回はあえて乱暴者《らんぼうもの》のお父さんのもとに生まれてみようと考えて、リクエストしたのに、「僕《ぼく》は今回ダメなんだ」と断られるようなことはないの？

お互《たが》いに目的が合うかどうか100パーセント確認《かくにん》してるから。1ミリもズレることなく合うエネルギーとだけしか組まないの。でも、おっちょこちょいの意識《いしき》なら、あるかもしれない（笑）。でもまずないよ。

人間関係で、なかなか切れない縁《えん》があって、「この人、絶対にいや」「なんでこんなふうになっちゃったの」と言っても。

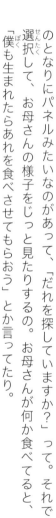

「自分で選びましたよ」ってこと。

1ミリもズレずに、相手とお空の上で合意《ごうい》のもとで、目的があって出会ってるってことだよね。運が悪いというようなことじゃなくて。

運が悪いんじゃない。やりたいことを達成《たっせい》するために、「この人が絶対必要だ」って探すのよ。
たとえば、お母さんはこういう人、お父さんはこういう人、きょうだいはこういう人、って項目《こうもく》を書き出すでしょ。それにぴったり合うエネルギーを探して、「よろしくお願いします」とやるまでに、すごい時間がかかるわけ。

ズレがないようにするからね。

こういうお母さんと、こういうお父さんがいいなと思って探し始めるでしょ。そのお母さんとお父さんになる人は、ペアとしてもう存在していて、項目にぴったりだとするでしょ。でも、ちょっとだけ子どものシナリオが合わないとなれば、ダメだから。

1%でも合わないと、「ごめんね」となるのね。

妥協《だきょう》がないの、今の人間同士の関係みたいに。でも絶対に見つかるってみんなわかってるから、探すんです。

生まれたあとに、シナリオが途中で変わることはない？　たとえば、ぴったりなシナリオのもとに、Aさんと Bさんは生涯《しょうがい》の友として出会いました。でも、地球人として成長していく間に、Aさんの進化が予定より早くて、Bさんが追いつけないほど差ができてしまったような場合でも、シナリオどおりに進んでいく？

変わるときはたまーにある。だけど、新しく変えるのはたくさん時間がかかるから。ちょっとレアかもしれない。

学びの星では、自分がやったことを理解《りかい》できるまで体験する

たとえば、魂《たましい》のシナリオでネガティブな体験をたくさんすると決めているケースがあるでしょう。私がかんじるのは、幸せでハッピーな軽いエネルギーよりも、ネガティブな重たいエネルギーのほうが、体験として引っぱられやすくて、生まれ変わるたびに、そっちばかりくり返しがちのように思うのだけど、どうかしら？

ネガティブな体験のほうが経験数《けいけんすう》は多いかもね。ネガティブのほうは、1回の体験で目的を達成《たっせい》することが難《むずか》しいから、何回かやってみるパターンが多くなるの。ポジティブな体験だったら、1回で目的を簡単にクリアできるけど。

ネガティブなパターンをくり返してしまうのを、解消《かいしょう》するようなシステムはあったりするかな？

くり返しちゃうのは、プレイするのがスリルがあるというか、楽しいというか。ネガティブなほうが、やりがいがあるからだと思うのね。それが解消《かいしょう》となるのは、転《てん》生組《せいぐみ》。

転生《てんせい》に向かう人たちね。

そう。本人は無意識《むいしき》かもしれないけれど、ネガティブを手放《てばな》して転生《てんせい》に向かうと決めている人たち、今いるでしょ。反対に、ずっとネガティブなほうをくり返したいという意識《いしき》の人ももちろんいるから。

輪《りん》廻《ね》と転《てん》生《せい》のちがい

輪廻《りんね》と転生《てんせい》はいっしょのものと理解《りかい》している人も多そうだけれど、ちがうんだよね？

輪廻《りんね》って生まれ変わりをしながら輪を回り続けているかんじでしょ。でも、みーちゃんは見たことがないのね、輪廻《りんね》の輪を。おそらく、地球の周りにバリアみたいな壁《かべ》があって、地球とそのバリアの間でぐるぐる回って、生まれたり死んだりをくり返していることみたい。

地球以外のところは選べずに、地球人として生死《せいし》をくり返しているのね。

そう。ずっと地球人としてぐるぐる回ってる。

永久に地球人として、そのループを回っていることを輪廻《りんね》だとすると、転生《てんせい》はもっと自由だよね。

転生《てんせい》は、地球がおわって、「つかれたなあ。じゃあ次の星行くか！」みたいに、自由にぴょんぴょんいろんな星に行けるよね。

地球に行きたければまた行ける人もいるし、別のとこにも行ける人もいるし。輪廻《りんね》のほうは、ほかを選べずに、そのループから脱出できない状態《じょうたい》だね。

今、その人たちはパカッと二手《ふたて》に分かれて、転生組《てんせいぐみ》の人たちはどんどん波動《はどう》が上がっていろんな星に行ったりするけど、転生《てんせい》しないほうはくり返すための星、学びの星に行くの。

学びの星っていうのがあるのね。どんなことを学ぶのかな？

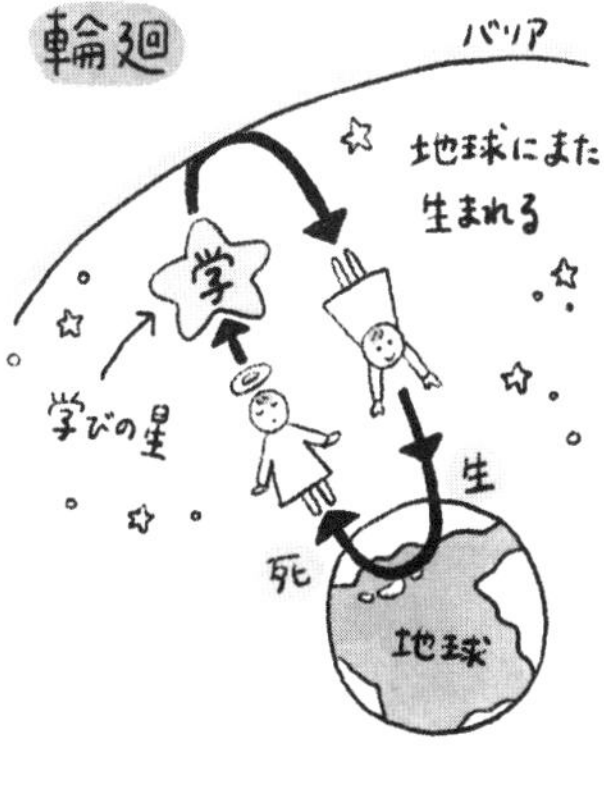

自分がやったことをそっくりそのまま返されることで学んでいくの。でも、いじめる側をやった人が、次はいじめられる側をそのまま体験するような学び方《かた》ではなくて、いじめられる側の気持ちを、何かしら別の形で体験するかんじ。

「目には目を。歯には歯を」というような形ではなくて、「自分がやったことは、こういうことだったんだ」と理解《りかい》するまで学ぶかんじかな。

そうそう。

もしかすると、それが一般的に言われてる地獄《じごく》なのかな。ほんとうは自分がしたことが返ってきている学びなのだけど、それがツラかったりするから、解釈《かいしゃく》が変わって地獄《じごく》で罰《ばつ》を受けてるみたいにとらえられてしまっているというか。みーちゃんから見たら、いわゆる地獄《じごく》の世界みたいなのはある？　大昔から、「悪いことしたら地獄《じごく》へ行く、いいことしたら天国《てんごく》に行く」と、聞いたりするでしょう？

みんなが想像するような、閻魔《えんま》様がいて懲《こ》らしめたりというのはないよ、ぜんぜん。「地獄《じごく》で苦しいことを味わいなさい」と罰《ばつ》を与えられるようなこともなくて、学び

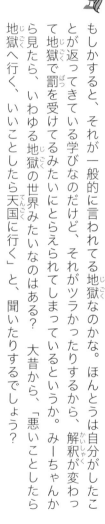

の星へいくのも、意識《いしき》が学ぶための一つのステップでしかないから。

自分の意識《いしき》がどうとらえているか、なのかしら。

結局、同じ体験をくり返すのは、意識《いしき》がそこにとらわれてるから。輪廻《りんね》ってそうだよね？　新しい体験をするというよりも、同じような体験を何度もするって。

そのとらわれているかんじが、人によっては地獄《じごく》に見えたりしているだけなのかもしれないね。

お母さんのおなかの中はゴールドの愛《あい》の光でいっぱい

みーちゃんは、どうやってお母さんを選んで生まれてきたの？

みーちゃんの場合は、お母さんは自分の妹だったから、お空で。

じゃあお母さんは先に決めて地球に降《お》りたんだね。

そう。協力して、みんなの波動《はどう》を上げていく役目ですっていっしょに決めてからね。

そういう約束をしていたのね。

お空でお母さん、そのときは妹だけど、「私、あなたの体に降《お》りていくからね」ってみーちゃん言ったの。「だから、それまでに準備《じゅんび》しといてね」って。お母さんは「わかった」って言って降《お》りていったの。

そうなのね。お母さんのおなかの中ってどんなかんじだったか覚えてる？

妊婦《にんぷ》さんのおなかの中って、お母さんと子どもの生命力がすごいわけ。そのエネルギーでバリアを張って、低いエネルギーとか悪い波動《はどう》が攻撃《こうげき》できないようになっていて。

それはだれでも？

だれでも。波動《はどう》をビーって発《はっ》してるから、攻撃《こうげき》してもはね返るだけなの。生まれてくる魂《たましい》がバリアを持って地上に降《お》りてくるから、そのバリアがお母さんにも充満《じゅうまん》するかんじ。

へえ、お母さん、妊婦《にんぷ》さんはすごく波動《はどう》が高いって言ってたよね。それはそういう理由もあるのね。

そう。お母さんって、赤ちゃんにすごい愛情《あいじょう》を注《そそ》ぐでしょ。その愛情《あいじょう》が多ければ多いほど大きく育つのね。お母さんのおなかの中は愛情《あいじょう》いっぱいで満《み》たされるから。だから、みーちゃんも大きく育ったし。

お母さんから愛情《あいじょう》が注《そそ》がれてるってどんなふうにかんじるの？

へその緒《お》ってあるでしょう。あれと同じように、お母さんの心とみーちゃんの心が管《くだ》でつながっていて、愛情《あいじょう》がずっと注《そそ》がれて。それがゴールドの波みたいな光に見えるの。

おなかの中で、赤ちゃんはお母さんのゴールドの光や波をバーっと受けてるんだ。

お母さんのおなかの中には波動《はどう》のクッションがあって、赤ちゃんを包《つつ》んでるの、きゅって。おなかの中で浮《う》いてるでしょ、赤ちゃんは。あれはクッションが支えてるから。クッションがなかったら、あんなふうには浮《う》かないのね。

わかったわ
あとで おりていくから よろしくね

お母さんって、たとえば、自分の子どもが病気がちとか、未熟児《みじゅくじ》で生まれたりすると、自分のせいだと思って深く落ち込《こ》んでしまったりする人も多いでしょう？

それは、赤ちゃんのほうから依頼《いらい》してるから。「こういう体験をしたいから、お母さんはこういうふうにやってね」って。お母さんも協力して「わかった。私も罪悪《ざいあく》感《かん》を体感《たいかん》するね」ってお空で合意《ごうい》してから降《お》りてきてるの。

生まれてくる前にそういうこともお互《たが》いの合意《ごうい》で決めているのね。

そう。ふつうに育っていく子は、自分にぴったり合うお母さんを上で探してから降《お》りていくことも多いんだけど、特別な体験をしたい魂《たましい》たちは、かなり最初から決めて双方合意《そうほうごうい》の上で降《お》りてくる。

お母さんと赤ちゃんは協力《きょうりょく》し合って生まれてくる

私は、いわゆるハンディキャップと言われるものを持っている子に会うと、特別な個性《こせい》の持ち主だなといつも思うのね。すごく波動《はどう》が高い。勇敢《ゆうかん》なバイブレーションだなって思っちゃうんだけど。

ハンディキャップがあるというのは、じつは体験したいことがたくさんあるの。体に収《おさ》まりきらないぐらい。それをぜんぶ出したら自分が壊《こわ》れちゃうというか。逆に傷《きず》ついちゃう。だから言葉がうまくしゃべれなかったりすることで、ブロックしてるんだよ、自分で。自分の波動《はどう》が傷《きず》つかないように、バリアとしてそういう体を背《せ》負《お》って生まれてきてるの。

それに同意《どうい》しているお母さんたちも、ものすごくおっきな魂《たましい》でチャレンジャーだよね。魂《たましい》のレベルが高いというか。

お母さんのおなかの中で、赤ちゃんの手とか足とか作られるでしょ。最初から形と

か指の本数だとか、基本は決まってるのね。でも、もしある意識《いしき》がちがうふうにしたいと思ったら、お母さんはそれに合わせたりするの。

そうなの！　お互《たが》いにすごく協力《きょうりょく》し合って生まれてきているのね。やっぱり、そういう体験を地球でした意識《いしき》たちは、お空に還《かえ》ったとき、行く場所がちがったりするのかな？

もしその意識《いしき》が、お空にいるとき、天使の学校の1学級に通《かよ》ってたとしたら、2学級に、2学級にいたんだったら3学級に上がる。

飛び級するかんじ？

そう。3学級だったら、天使の学校の先生になる試験《しけん》も受けられる。

先生の試験《しけん》はどんなもの？

試験《しけん》っていうより、レポート提出《ていしゅつ》みたいな。地球に肉体を持たずにスーって降《お》りて、いろんなところをさまよって、「地球や人間界ではこれが大切です」ってポイント

を自分で見つけて書くの。ある程度《ていど》、すべてにおいてわかったら、上にもどって、「これでどうでしょうか」と3学級の先生に提出《ていしゅつ》して。「大丈夫ですよ」と言われたら、その知識《ちしき》で先生になるわけ。

そうなのね、面白《おもしろ》いね。

自分で体験して覚えたことを教えるのがすごい上手《じょうず》なんだよね、天使さんって。

天使の学校のほかにも、そういうシステムのようなものはある？

魂《たましい》の学校っていうのもある。みーちゃんは、天使の学校しか行ってないから、知っていることだけ話すと、魂《たましい》の学校では、天使さんが教えてるのね。

天使さんは魂《たましい》の学校の先生もしてるのね。魂《たましい》の学校ではどんな学びをするの？

魂《たましい》の学校は、人間界のことをある程度《ていど》知ってる人が通《かよ》う場所。人間界のときの復《ふく》習《しゅう》だったりをして、また人間に生まれるときの準備《じゅんび》をするところなの。面白《おもしろ》いのが、魂《たましい》の学校は時間割《じかんわり》がないのだけど、地球でいう1時間目から5時間目ぐらいまで、「地球はこうだったよね」って話をずっとしてるだけで。

その中で、ある魂《たましい》さんが、前に地球にいたときに重い病気を持つ体験をしていて、それをほかの魂《たましい》さんに話したりすると、「そうだったんだ。じゃ、僕《ぼく》たち、それ体験してくるね」って、その体験をするために、同じような病気を持って生まれる選《せん》択《たく》をする子たちもいる。

魂《たましい》は、純粋《じゅんすい》に体験の数を増《ふ》やすことだけを目的にしている

たとえば、重たい病気を複数《ふくすう》持って生まれて、さらに事故《じこ》で障害《しょうがい》を負うような体験をする親子というのは、お空に還《かえ》ったら、以前は2学級だったのが、二つくらい飛び級して先生級になることもあるの？

あるよ。

そうなると、飛び級を目指して、ハンディキャップを持って地球に降《お》りたいという意識《いしき》が増《ふ》えたりはしない？

お空の上にいる子たちは、飛び級はおまけみたいというか、まず考えていなくて。ただ体験したいだけなの。お空にもどって、「地上で大きな仕事をしたから飛び級してもいいですよ」って学校の先生に言われると、その子たちは、正直、「え、なんで私が」ってなる。「私は体験したかっただけなのに」って。

飛び級になったと驚《おどろ》くかんじなのかな。

そう。みんな、「先生になりたいから、そういう体験をしよう」というんじゃなくて、体験の数を増《ふ》やしたいから。

純粋《じゅんすい》な学びとしてね。

大きいことを連続《れんぞく》してやる意識《いしき》もいるんだけど、それは意図的《いとてき》じゃなくて。依頼《いらい》されて選択《せんたく》するときもあるし。

依頼《いらい》される？

ある設定《せってい》で、男の子が病気になって、早いうちに亡くなるとするでしょ。男の子の意識《いしき》がそう決めたらお母さんに依頼《いらい》するわけだけど、お母さんにしたらすごい悲しむことを選択《せんたく》することになる。それでもお母さんはそれが自分にもプラスになると思ったら、「よろこんで」って引き受けるの。すると、男の子はすぐ荷造《にづく》りして生まれてくるわけ。

なるほど。ほんとうに、親子というのは、運命共同体《うんめいきょうどうたい》というか、魂《たましい》はそれぞれ別で学びもあるわけだけど、自分だけでは成り立たないね。

そういう体験は、二人三脚《ににんさんきゃく》で取り組むものだから。自分がすごいツライ体験をしたくても、相手が「いいよ」って言ってくれなかったらできないの。お母さんが、赤ちゃん産むのって、肉体的にもすごい大変でしょ？　それをわかった上で赤ちゃんは「肉体的にツライかもしれませんが、お願いします」って入ってくるの。

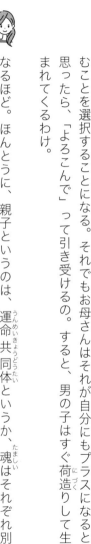

ブループリントは2冊でワンセット

ずっと健康だったのに、人生の途中で大きな病気になる人っているじゃない？　それも決めてくるの？

おっきい病気で、それをきっかけに亡《な》くなった人は、最初からちゃんと決めていて、原稿用紙《げんこうようし》みたいなのに書いてある。

ブループリントのこと、ここでちょっとくわしく教えてもらえるかな？　ブループリントを自分で書いて、だれに会うとか、同意《どうい》が必要なところはほかの意識《いしき》とも打ち合わせして作るんだよね。書きおえたら、それをだれかに見せたりするの？

そう、神様に。たとえば、重い病気になる人たちは、「私は重い病気になります。その体験を得《え》てここに還《かえ》ってきます」とか書いて、それを読んでもらう。神様が「大丈夫ですよ」と言ったら、それを持って生まれてくるの。

そうなると、私たちは地球で生活してるとき、もうぜんぶ決まっていることをやっているの？　どんどん自分で変えることもできる？

いろんなパターンを作ってあるのよ。

何個かパラレルワールドを想定《そうてい》してるんだ。それもぜんぶ書いてあるの？

うん。自分が想像できるものって、そのブループリントの中にあるものだけなのね。ブループリントが2、3冊の人もいれば、10冊の人、20冊の人、30冊の人もいて。だから、徳《とく》を積《つ》む話も書いてあれば、悪いことして捕《つか》まることも書いてあったり、いろいろなパターンが書いてあるの。たぶん、ぜんぶ2冊でワンセットになってる。

セットになってるの？

わかりやすくたとえたら、徳《とく》を積《つ》む生き方《かた》をするパターンと、悪いことをする生き方《かた》のパターンが2冊でワンセットになってるかんじ。徳《とく》を積《つ》む生き方《かた》のほうは、どんないいことをするのか。悪いことをする生き方《かた》のほうは、どんな悪いことをするのか。それぞれ広がっていくでしょ？　そういうふうにいろんなパターンで何冊も

MEMO　パラレルワールド……わかりやすく言うと、現実《げんじつ》世界と並行して存在する別の世界がいくつもあるってことだよ。

書かれてて。それがパラレルワールドなの。

たとえば、徳《とく》を積《つ》む生き方《かた》を選んでいたとしても、パッと悪いほうに移《うつ》っちゃったりする可能性《かのうせい》もあるの？

ある。わかりやすくいうと、いいほうと悪いほう、それぞれ連動《れんどう》しているの。たとえば、悪いことをしてしまった。それは悪いほうの78ページに書いてあるとするでしょ。いいほうに変わりたいと思ったら、それに連動《れんどう》したいいほうの78ページを開いて、そこから始めることもできるわけ。

なるほど。一冊に自分の年表みたいにわーっと起きることが書かれていて、その通《とお》りにだけ生きているわけじゃなくて、ドラマのストーリーのようなものが書かれているノートがたくさんあって、今このノート、次はあのノート、今度はこっ

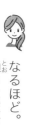

ちのノートって、移行《いこう》しながらやってるのね。

そうそう。10冊、20冊、それに書かれたぶんだけ、パラレルはたくさんあって、ぴょんぴょん飛び移《うつ》ってるの。
健康だったのに、あるとき病気になっちゃったら、病気になるほうにぴょんって移《い》動《どう》して、病気が治るんだったら治ったほうにぴょんって移動《いどう》。
ぴょんって移動《いどう》する速度《そくど》がものすごく速いと、奇跡《きせき》が起きたっていわれたりするわけ。すごい病気だったのに、突然《とつぜん》治ることもたまにあるでしょ？　そういう瞬間《しゅんかん》が奇跡《きせき》に見えるわけ。

自分で「幸せ」を選んで生きることができる

そうなんだ〜、納得《なっとく》。人間って、ツライことがあると、なんとか今の状況《じょうきょう》を変えたい、もっと楽しい人生にしたいと思うじゃない。そういうとき、パッとポジティブなほうに移《うつ》れる人と、それができない人がいるでしょう。それは、その時点で、ネガティブをもっと経験しようと決めているからなのか、それとも移《うつ》り方《かた》がわからな

いのか。いいほうに移《うつ》るコツがあったりするのかな？

生まれるときに、「私はたくさんネガティブを経験して還《かえ》ってきます」と宣言《せんげん》してくる意識《いしき》もいるんだけど、たとえば、今の状況《じょうきょう》が106ページでいやなことばっかりだとしても、となりのノートの106ページには、楽しいことが書いてあるわけでしょ。「いいほうに行きたいな」と思うなら、「私は幸せになってもいい存在だよ」ってずっと言ってたら、だんだんといいほうに変わっていけるから。

自分で変えていけるのね。

「自分は価値《かち》がない」と思ってる人が多いよね、心の中で。そうすると、「ほらね、私はこんなに価値《かち》がない人間でしょ」って現実《げんじつ》が起きるわけ。そういうページを自分で選んでるの。だから、「自分は価値《かち》がない」とか「不幸ばっかり」って思いが出てきたら、「私は不幸ばっかりの生き方《かた》じゃなくて、いい方向の生き方《かた》も持ってるんだよ」って自分の中でずっと言ってみたら、そっちのページに行けるから。

自分を認めてあげるのが大事だよね。

そう。赤ちゃんがほしいのにできない人とか、いるでしょう。そういう人も、「なんで私、赤ちゃんができないんだろう」と連続《れんぞく》して思ってると、「なんで私は赤ちゃんができないんだろう」って思い続ける現実《げんじつ》になっちゃう。

どんどんそのストーリーの中に入っちゃうよね。

「なんで……」と思ったら、すぐに、「私は、自分を満《み》たしてあげれば赤ちゃんは生まれてくるよ」とか、「おなかの中に光がたくさんあったら、赤ちゃんは入ってくるよ」って言ってみて。

Chie《ちえ》さんの描《えが》く光を見ていると自分の中に愛《あい》があふれだす

ほんとうに赤ちゃんがほしいと思っているのに、なかなか授《さず》からない方《かた》が、私の個《こ》展《てん》に来てくださることが結構《けっこう》多いのね。そういう方《かた》が光の絵と対話をしておうちに帰るでしょう。後日、「絵のおかげで赤ちゃんができました」ってメッセージをいただくこともすごく多いの。その度に、「絵が奇跡《きせき》を起こしたわけじゃないんですよ」と言うのだけど……。
もしかすると、光の絵を見て、「私なんて……」「私が悪い」と自己否定《じこひてい》するんじゃなくて、「私はこのままでいい。私は光なんだな」って、無意識《むいしき》かもしれないけれど、深いところで気づいたりされるのかなって思うのね。

Chie《ちえ》さんの絵は、光そのまんまだし、光ってもともと愛《あい》だから。それを見てると、自分の中の愛《あい》が出てくる。それが体のすみずみに行《ゆ》き渡《わた》って、そのまま保《たも》てると、お空から見てる赤ちゃんで、「このママはすごい愛《あい》があるからおなかの中に入ります」って子も出てくると思うよ。

なるほどね。結局は、「私なんて」という自己否定《じこひてい》が、扉《とびら》を閉《と》じちゃっているのね。

そう。だから、たとえば、「今日はいやな一日だったな」と思うときがあったら、夜寝《ね》る前に自分にね、「あなたは愛《あい》されてるんだよ。あなたは大事にされる存在なんだよ。愛《あい》されたり大事にされることを許可《きょか》してね」と言ってあげて。落ち着くから。

すごく満《み》たされるよね。

満《み》たされて眠《ねむ》りに入ると、どんどんいい方向に行くから。

まちがっておなかに落ちてくる赤ちゃんもいる

たとえば、肉体を持って生まれようと思って、お母さんのおなかに入ったけど、生まれる前にお空に還《かえ》ってしまう子もいるよね。その場合は、お空に還《かえ》ったあとも、ずっとお母さんに気持ちをよせて上から見てるのかな？

それは2パターンあってね。どっちにしても、お空に還《かえ》ったら見てるんだけど、お母さんのおなかに一度入るけど、すぐお空に還《かえ》るって意図的《いとてき》にやってる子と、中には、すべっちゃった子もいるわけ。

すべっちゃった子？

まちがってすべって落ちてくる子がいるの。

そういうこともあるのね！

地上に降《お》りる虹《にじ》の橋の最初のほうには壁《かべ》があって、そのへんで遊んでるときに転んだはずみで壁《かべ》を越《こ》えて、シューってちがうお母さんのおなかに入っちゃう子もいるの。

「まちがえちゃった」って言って上にもどっていくのね。

そう。ほんとうにそのお母さんのもとに生まれてくるはずだった子が、「何してるの？　私が入るんだよ」って声をかけて、「あ、ごめんごめん」って言って、すぐお空に上がってくるの。

「おじゃましました」って。

まちがっちゃった子がお空に上がってくると、ほんとうに入る予定だった子はホッとして、お母さんのおなかにスーって入っていったりする。

私が聞いたことがあるケースでは、「どんなかんじかな」って下の世界をちょっと観察《かんさつ》しにお母さんのおなかの中に来て、「今回じゃないな」と思うと、一度お空にもどって、時機《じき》を待ってから、ちゃんと生まれるパターンもあるみたいで。

そう。でも、一番多いのは、転んですべって入っちゃう子。

そうなんだ。

お母さんのおなかの中にはプレートがあって、そこに数が書いてあるのね。ゼロって書いてあったら赤ちゃんはほんとうは一人も入れないんだけど、そうやってたまたま入っちゃう子もいるの、ゼロなのに。

ほんとうは入れないのに。

ハプニングで入っちゃった子は、予《よ》想外《そうがい》だから当然うまく育たない。でも、たまに、大きな数のプレートのお母さんもいるわけ。たとえば、プレートに7と書いてあると、絶対7人入っちゃうの。

そのプレートの数字って、子どもができる人数なの？

そう。だから、プレートが7だったら、すべってまちがって入った子が一人いても、まだ6人入れるからいいじゃない、となるんだけど、プレートが1だと、次はだれも入れなくなっちゃうこともある。

「何人子どもを持つ」というのも、お空で設定《せってい》してくるのかな。

その人のブループリントに書いてあるよ。赤ちゃんがほしくてもそうならない人は、最初からプレートがゼロで、ブループリントにも書いていない人なのね。

それは、「ほしくてもできない」という感情《かんじょう》だったりを体験するために、ゼロなんだけれど、あえてそういう感情《かんじょう》を持つ場合もある？

ある。あとは、「ほしい」となっても、赤ちゃんに愛情《あいじょう》を注《そそ》ぎきれない人のもとには、神様が行かせないこともある。あと、お母さんのおなかの中の状況《じょうきょう》が整ってないときは、基本的に赤ちゃんは入れないのね。だから、みーちゃんもそうだけど、お母さんに「整えといてね」って言っておいたり……。

ずいぶん前から言っておくんだよね。

そう。特に大きなお役目をする人。スポーツ選手とかで、すごい結果を残す人っているでしょ？　ああいう人は、お母さんが整っていてじゅうぶんに満《み》たされてないとそういうことはできないの。交通事故《こうつうじこ》とかで足をなくしても義足《ぎそく》をつけて走るとか、大きな挑戦《ちょうせん》ができる人もそう。たくさん満《み》たされて生まれてくるとそれをするエネルギーになるから。

やっぱり、お母さんの自己肯定感《じここうていかん》が大切ということだよね。お母さんが否定《ひてい》ばっかりしていて、自分を認める気持ちがなければ、愛《あい》がわいてこないし。

自分が満《み》ちていないとね。それに、ブループリントにたくさんのことが書いてあっても、あえて、ほかのところには行かずにずっと一本道《いっぽんみち》を歩く人もいるから。

そういう魂《たましい》もいるのね。

一本道《いっぽんみち》が楽しすぎてそこに没頭《ぼっとう》しちゃう人っているの。たとえそれが、山あり谷ありの道だとしても、それが楽しい人もたくさんいて。そういう人はずっとそれをつらぬく人になるのね。

家族が疎遠《そえん》になることも、家族全員が同意《どうい》して選んだ体験

やっぱりお母さんを目がけて生まれてくる魂《たましい》が多いのかな？

絶対にお母さん目がけてやってくるわけでもなくて。私の場合はお母さんだったけど、お父さん目がけてくる人もいるし、おばあちゃん目がけてくる人もいるし、おじいちゃんを目がけてくる人もいるし。家族じゃない場合もあるの。友だちとか。

その子と会うために、肉体を持って生まれてくるのね。

そう、友だちと会うために肉体を持たなきゃいけないから、そのためにお母さんになる人に依頼《いらい》するときもあって。そういう場合、その子と友だちはすごく仲良くなるんだけど、その家族とはビリッビリなわけ。

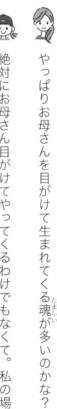

あんまり仲良くならないんだ。

「あなたたちのために生まれてきたわけじゃないから」って言って、別れていっちゃう。

そうなのね。

そういう家族は、最初からケンカもすごくて。でも、それも家族がみんな同意《どうい》して選んだ魂《たましい》の体験なんだけどね。

魂《たましい》は、自分を磨《みが》くことが最大《さいだい》のよろこび

みーちゃんが、魂《たましい》のシナリオであるブループリントのお話をわかりやすくしてくれたので、つねに私たちは自分でパラレルワールドを選択してぴょんぴょんと移行《いこう》している、ということをイメージできたのではないでしょうか。

中には、「私はお金の苦労が絶《た》えない。ブループリントにお金持ちになる道も書いてあるとしたら、なぜそうならないのかな?」と思った方《かた》もいるかもしれません。

私たちは長い間、3次元《じげん》の地球の価値観《かちかん》を刷《す》り込《こ》まれてきました。わかりやすく言うと、それは、お金、地位《ちい》や名声《めいせい》、見た目や持ち物、人からの評価《ひょうか》など、すべて外側のものによって価値判断《かちはんだん》されてしまうというもので、自分の価値《かち》そのものがそういうもので決まってしまうという、あやまった価値観《かちかん》です。なので、「ほんとうはこうしたい」という自分の思いよりも、外側の価値観《かちかん》にとらわれていることが多かったりするのです。だから、必死でそれらのものを追いかけて、望むものを得《え》ら

れない自分はダメ人間だと自己否定《じこひてい》をしたり、責《せ》めてきたのかもしれません。

でも、本来の私たちの魂《たましい》は、そのような外側の価値観《かちかん》に惑《まど》わされることはありません。物事を「良い・悪い」とジャッジする二元的《にげんてき》な考えすら持ち合わせていません。つまり、魂《たましい》から見たら、お金がたくさんあること、ないこと、それ自体に良い・悪いもないのです。

魂《たましい》の望みはただ一つ、自分を磨《みが》くこと。魂《たましい》から見ると、お金に不自由なくラクラク人生を歩むこともいいかもしれませんが、むしろお金がない中で何かを工夫してやり遂《と》げた体験することのほうが、自分は磨《みが》かれるととらえていたりします。だからあえて、逆境《ぎゃっきょう》や困難《こんなん》さを選んでいることも多いのです。

また、私たちには自由意志《じゆういし》があります。みーちゃんが教えてくれたように、ブループリントは複数《ふくすう》あり、自分次第《しだい》で好きなストーリーを選ぶことができるのです。もしどこからかチャレンジの声がかかったとき、「私はそんなのできない！」と思ったとしても、トライすることを大切にしてみてください。最初は「成功しなくては！」と思うかもしれません。けれど、成功するか、失敗するかよりも、そのプロセスにこそ大きな意味があると私は思っています。トライしたことでできる貴《き》重《ちょう》な体験は、必ずあなたの魂《たましい》をピカピカに磨《みが》く、プラスの材料となってくれるに違いありません。

2話

女《じょ》性《せい》性《せい》と男《だん》性《せい》性《せい》のお話

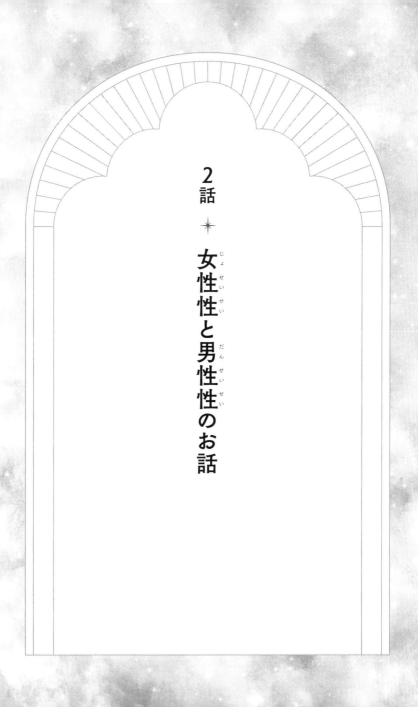

女性性《じょせいせい》と男性性《だんせいせい》のバランスが乱れている人が多い

この前、Chie《ちえ》さんと初めて、お茶したよね。今までは光の絵があるところでしか会ったことなかったけど、そうじゃない場所で。

そうね。楽しかったよね。

そのときのChie《ちえ》さん、いつにもまして女性性《じょせいせい》がすごく強くて、ずっと光を生み出しているから。みーちゃん、お母さんのおなかの中にいる感覚《かんかく》になってめちゃめちゃ眠《ねむ》くなっちゃったの。Chie《ちえ》さんとバイバイしたあとに。

そうだったの？　胎児《たいじ》にもどったかんじ？

そうそう。「あー、眠《ねむ》ーい」って。Chie《ちえ》さんの子宮《しきゅう》の中には、ふつうに赤ちゃんを育てる部屋と、もう1個、光を生み出す部屋みたいなのがあって、そこから四六時《しろくじ》中《ちゅう》、光がバーって出ているの。Chie《ちえ》さんは、ずーっとおなかの中に赤ちゃんがい

みーちゃんから見ると、Chie《ちえ》さんは女性性《じょせいせい》のエネルギーが強く、子宮《しきゅう》の中に光をつねに宿《やど》していて、四六時中《しろくじちゅう》、光を生み出し続けているそう。

るみたいなのね。そういうエネルギーをずーっと発《はっ》しているからみーちゃんも眠《ねむ》くなっちゃって。

子宮《しきゅう》の中に光をつねに宿《やど》してるというのは、わかりやすく言うとずっと妊婦《にんぷ》さんをやってるようなかんじなのね？

そう。でもこの3次元《じげん》でずっとそうやって光を出してるのってChie《ちえ》さんぐらいしか不可能《ふかのう》で。

そうなの？

ふつうはほかのエネルギーで遮《さえぎ》られるから。エネルギーが1回停止《ていし》しちゃうことが多くて。そもそもずーっと光を出すのなんて無理だし。女神《めがみ》様とかだったらできるけど。人間をやってる以上、構造上《こうぞうじょう》、無理だから。

ぜんぜんそんなの知らないで生きてきたんだけど（笑）。私は光を生み出すと同時に、女性性《じょせいせい》のエネルギーもたくさん出てしまってるのね。

もともと女性性《じょせいせい》が強い人じゃないと、ずっと光を生み出すことはできないから。

男性性《だんせいせい》のエネルギーの人はできない？

できない。

みーちゃんの言う女性性《じょせいせい》はどんなエネルギーなのかな？

女性性《じょせいせい》は、受け止めるかんじ。やさしくカバーして、大事に大事に育てていく性質みたいな。

確かにね、子どもを産むことも、今は女性じゃないとできないものね。でも、逆に言うと、Chie《ちえ》さんってちょっとバランス悪くない？　女性性《じょせいせい》ばっかり強いとなると。

Chie《ちえ》さんの場合はそのままでもぜんぜん大丈夫なんだけど、ふつうの人で、あまりにも女性性《じょせいせい》のほうが強いなって自分でかんじる人はちゃんと整えないと。

なるほど。今、地球は上昇《じょうしょう》気流《きりゅう》に乗っていて、周波数《しゅうはすう》も変わってきてるでしょう。

その変化の影響《えいきょう》を体も受けて、ホルモンバランスが崩《くず》れたりする人も多い気がするの。みーちゃんは、どうかんじてる？

そういうふうに体に影響《えいきょう》が出ることが、「ちゃんと整えてー」って合図《あいず》なの。体の中に女性性《じょせいせい》と男性性《だんせいせい》の天秤《てんびん》があるとするでしょ。女性性《じょせいせい》が強い人は、もともと女性側に傾《かたむ》きがちだけど、今、地球が周波数《しゅうはすう》を上げているから、よけいに斜《なな》めに傾《かたむ》いちゃってるの。自分で男性性《だんせいせい》と統合《とうごう》してバランスを取っていかないとエネルギー全体がますます乱れちゃう。

現代は子どもが授《さず》かりにくいと言われたりもして、それはホルモンバランスとか環《かん》境《きょう》のエネルギーの影響《えいきょう》もゼロじゃないと思うのね。そういうのはどう見てる？

やっぱり女性性《じょせいせい》と男性性《だんせいせい》のバランスがあまりにも乱れすぎているから。女性性《じょせいせい》のほうが強すぎると、女性性《じょせいせい》のエネルギーが出すぎてあふれちゃうっていうか、もれちゃうの。それでかえって少なくなって、逆に赤ちゃんを受け止めるエネルギーもなくなっちゃってるから。

そうか。バランスを取ることが大事なのね。どういうふうにしたらいいかな？　た

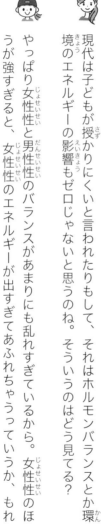

とえば、みーちゃんは私のことを女性性《じょせいせい》が強いって言ってくれたけど、自分では「私ってオヤジだな」って思っているのよ、ずっと（笑）。そんなふうに、自分で自分のことってわからない人も多いと思うのね。逆に、「私は女性性《じょせいせい》が強いわ」と思っていても、じつはそうじゃない人もいるかもしれないよね。

基本的に女性として生まれた人は、女性性《じょせいせい》のほうがちょっと強めなの。女性に生まれると子宮《しきゅう》があるでしょ。そこから女性性《じょせいせい》のエネルギーが出てるから。男性は男性《だんせい》性《せい》のほうが基本的にちょっと強いかんじ。

子宮《しきゅう》の中では小さなピンクの妖精《ようせい》さんが浄化《じょうか》のお手伝いをしている

女性は、毎月生理《せいり》があるよね。もう学校でお勉強したかな？　Chie《ちえ》さんは、生理《せいり》は女性の体を整える大事なものだとずっと思っていて。不要なものを出して、新しいエネルギーを取り入れていく準備《じゅんび》みたいな。

そうそう。子宮《しきゅう》さんの中にね、すごいちっちゃいピンクの妖精《ようせい》さんがいて。

えっ、子宮《しきゅう》の中に？

うん。その子たちが、ちっちゃいホウキみたいなのでサッサッサッって不要な女性性《じょせいせい》のエネルギーを出してるの。やっぱり赤ちゃんを迎《むか》えるには新鮮《しんせん》な波動《はどう》じゃないとできないから。

妖精《ようせい》さんが助けてくれていたんだね。じゃあ妖精《ようせい》さんがホウキで不要な女性性《じょせいせい》を一《いっ》生懸命《しょうけんめい》パンパン掃《は》いたりすると、それが当たって痛いとか、女性はかんじたりすることもある？

あるある。

生理痛《せいりつう》と言ってね、すごく重い人も中にはいるのだけど、妖精《ようせい》さんががんばって掃《そう》除《じ》してくれてるのかな？

軽い痛みだったら、そう。サッサッサッてやるだけだから。あまりにも痛いときはやっぱりバランスがかたよりすぎているから治しなさいって合図《あいず》だったりする。

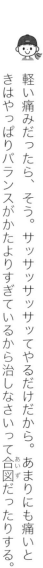

そういうサインだったりするんだね。

子宮《しきゅう》がよろこぶのはやさしい色の下着

子宮《しきゅう》って生命を宿《やど》したり、すごく大切な部分だよね。だとすると、下着とか身につけるものも気をつけたほうがいいのかな？

子宮《しきゅう》は、女性性《じょせいせい》のあったかいかんじのエネルギー体だから、やさしい色の下着を身につけたほうがよろこぶのね。その色のエネルギーが子宮《しきゅう》に入っていくから。原《げん》色《しょく》とかはちょっと……。

真《ま》っ赤《か》とか真紫《まむらさき》とか、そういう強烈《きょうれつ》な色はあんまりなの？

そう。子宮《しきゅう》さんが、びっくりしちゃう。

そんな話聞いたこともなかった。色の影響《えいきょう》が出るのね。

出る出る。子宮《しきゅう》がやさしい色の影響《えいきょう》で心地《ここち》いいとかんじるといい状態《じょうたい》になるし、濃《こ》い色で刺激《しげき》を受けちゃって、「うわ、ちょっといや」とか「痛い」って子宮《しきゅう》がなると、妖精《ようせい》さんが、何かあるかもって警戒《けいかい》して動きを止めたりしちゃうから。

妖精《ようせい》さんが動かなくなっちゃうと、不要なエネルギーが溜《た》まっちゃうわけだよね。ほかに、子宮《しきゅう》のために私たちができることはあるかな？

下着をしまっている棚《たな》とかに、キレイな布《ぬの》をかぶせておくと、波動《はどう》の低い男性性《だんせいせい》のエネルギーが入りにくくなるのね。

下着の入ってる棚《たな》の上に1枚ふわっとかけたらいい？

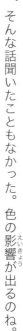

できるだけ隙間《すきま》がないようにカバーしてあげると、エネルギーを受けにくくなる。

教えてくれてありがとう。私たち現代人のほとんどは、下着がそこまで重要《じゅうよう》なものだとは正直思っていないと思うの。でも直《じか》に肌《はだ》に触《ふ》れるものは、できるだけやさしい色のものにしたりして、特に子宮《しきゅう》はちゃんと守る意識《いしき》を持ったほうがいいね。

太陽のような温《あたた》かい男性性《だんせいせい》のエネルギーを取り入れて統合《とうごう》する方法

ふつうに生活してても、やっぱり男性性《だんせいせい》の意識《いしき》が強い人と会うことは絶対あるでしょ？　そのときにそのエネルギーの影響《えいきょう》を一番受けるのが子宮《しきゅう》で。だからお風呂に入ったときに、おなか、子宮《しきゅう》のあたりをずっとやさしく、うず巻き状になでてあげるといいの。

要はおへその周りだよね。時計回りがいいとかある？

どっちでもよくて、くるくるなでてあげると、おなかから今日受けたエネルギーが、黒っぽいかんじで、ダーって出るのね。

湯船《ゆぶね》の中でやるといいのかな？

そう。体が温《あたた》められると出やすくなる。お湯に流れていくから。

たとえば、ひどいことを言われて、すごく傷《きず》ついたような日も、湯船《ゆぶね》の中で、おへその周りをゆっくりなでてあげたらいいかしら。

うん。毎日やればやるほど、子宮《しきゅう》さんが「おー、なんか元気出たな」みたいになるから。

整えるってそういうことなんだね。じゃあ、女性性《じょせいせい》と男性性《だんせいせい》のバランスを取るのはどうしたらいいかしら？　さっき、女性性《じょせいせい》は、やさしくカバーして受け止めるかんじのエネルギー、って教えてくれたよね。みーちゃんのいう男性性《だんせいせい》はどんなエネルギーなのかな？

男性性《だんせいせい》のエネルギーっていうのは、たとえば太陽みたいな温《あたた》かいエネルギー。

太陽のエネルギーが男性性《だんせいせい》なの？

そう。みーちゃんがやってるのは、寝《ね》る前とか、お風呂に入ったときとかに、男性《だんせい》

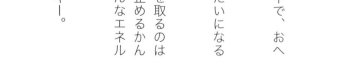

性《せい》の太陽みたいなエネルギーをイメージして、体の中に浸透《しんとう》させるようにすると、バランスが整う。

さっき、湯船《ゆぶね》に浸《つ》かって、おなかをうず巻き状にくるくるやるって言ったでしょ。それでも男性性《だんせいせい》と女性性《じょせいせい》のバランスが取れるの、あったまるから。温《あたた》めると、太陽みたいな男性性《だんせいせい》のエネルギーも入って統合《とうごう》されるの。毎日ちょっとずつでも統合《とうごう》して、バランスを取って整えていくのが大事だと思う。

身近な女性性を大切にすると、男性の本来の魅力《みりょく》も増《ま》す

今、ふと思ったんだけど、昔は、女の子は赤、男の子は黒や青って色分けされることが多かったのね、ランドセルとか。でも、太陽が男性性《だんせいせい》のエネルギーだとすると赤とか黄色が男性性《だんせいせい》の色だったりする？

そう。男性性《だんせいせい》は、赤、黄色、オレンジとか。女性性《じょせいせい》は、青とか水色とか。ほんとうは、逆なの。

なぜ逆に植えつけられちゃったのかしらね。

「かっこいい」とか「かわいい」とか、そういう印象っていうか気持ちから、「女の子は赤」「男の子は黒」って。

もしかするとそれもすでに、ちょっと矛盾《むじゅん》してるような。それだけ色の影響《えいきょう》が大きいのだったら、わざと逆に持たせてるみたいな……。見方《みかた》によってはコントロールが入っているかんじね。

ほんとうは女の子のほうが、やさしいかんじのエネルギーじゃないといけないはずなのに、赤っていう激《はげ》しい色にされちゃって。男性のほうは、ゆっくり女性性《じょせいせい》を支えていく、ちょっと強めのかんじじゃなきゃいけないのに、サラッとした、冷たい雰囲気《ふんいき》の水色とかにされちゃった。

すごいな、その話も。逆に、男性はどうしたらいいかな？　今、男性はこういう心持ちでいるといいよ、ってアドバイスはありますか？

ぜひ女性を大切にしてください。

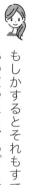

グーです。最高。

ほんとうに、身近な人でいいから大切にしてください。

そうだよね。土台となってしっかり支えることが本来の男性の力だし、そのほうが魅力的になる、とChie《ちえ》さんも思うな。女性がそこで安心して、ニコニコして、楽しく、本来の自分のエネルギーを開花《かいか》できるようにね。ぜひぜひよろしくお願いしますってことだよね。

はい。ほんとうにちゃんと支えて、大事にしてくださいってかんじです。

男性性《だんせいせい》と女性性《じょせいせい》のバランスを取ることで「ほんとうの自分」でいられる

「Chie《ちえ》さんは女性性《じょせいせい》がとっても強い」。

みーちゃんはそう言っていましたが、じつはそれは昔から時々言われ続けていることでした。そう言われるたびに、私自身、お伝えしたように自分はオヤジだと思うほど男っぽい性格だと自負《じふ》していたので、なぜそうみられるのか。このズレはなんだろう？　と不思議《ふしぎ》に思うこともありました。

私が思う女性性《じょせいせい》の強い人は、どちらかというと、か弱くはかなげで、男性が思わず守りたくなるようなイメージ。対する男性性《だんせいせい》の強い人のイメージは、屈強《くっきょう》な精神《せいしん》を持ち、リーダーシップがあって、理性的《りせいてき》。弱きを守るようなイメージでした。

でも、みーちゃんのいう女性性《じょせいせい》は、水の性質に似ていて受け入れてやさしく包《つつ》み込《こ》むようなかんじ。一方、男性性《だんせいせい》は、大地のように支えるかんじ、というものでした。

そう言われると、確かに自分の中には、どんな人でも「大丈夫だよ」と受け止める気質が良くも悪くもあることはわかっていたので、そういう部分が周りの方《かた》から見て女性性《じょせいせい》が強く映《うつ》るのかもしれない、と納得《なっとく》できたのです。

自分の中の性別《せいべつ》に関する常識《じょうしき》を一度疑《うたが》ってみよう

また、私の思い込《こ》んでいた女性性《じょせいせい》や男性性《だんせいせい》が、そもそも小さいころからの刷《す》り込《こ》みだったのでは、ということにも気づきました。

「女の子なんだからおしとやかにしなさい」「男の子なんだから泣いたりしないの」という社会の常識《じょうしき》や大人たちの言葉によって、自分の中に女性＝弱い者、男性＝強い者という公式ができてしまっていた気がしました。

こういった刷《す》り込《こ》みは、きっとだれしもが持っているでしょう。もし「女性なんだからこうあるべき」「男性なんだかこうあるべき」という考えがふと浮かんできたら、その自分の中の常識《じょうしき》を一度疑《うたが》ってみるとよいかもしれません。

本来、男性性《だんせいせい》と女性性《じょせいせい》は、性別《せいべつ》に関わらずどちらも持ち合わせています。

社会に求められる女性らしさ、男性らしさに無理に合わせて生きようとすると、本来その人が持っている、女性性《じょせいせい》、男性性《だんせいせい》を押し殺してしまいます。

性別《せいべつ》の枠《わく》を超《こ》えて「自分はどうしたいか」と考えてみると自分の中の男性性《だんせいせい》、女《じょ》性性《せいせい》を両方受け入れることができ、バランスが取れるようになってきます。

それは、ハイヤーセルフ、すなわち魂《たましい》とつながった「ほんとうの自分」として生きることにもつながっていくでしょう。

3話　神様の世界のお話

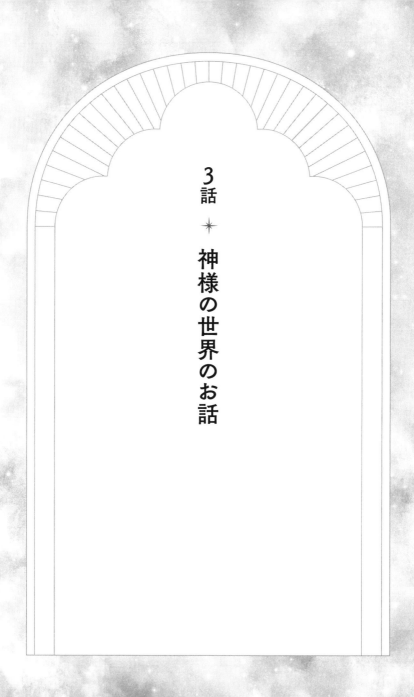

神様は一人じゃない

みーちゃん、地球人の私たちが言う、いわゆる神様は、どういう存在？

神様というと、みんなは「瀬織津姫《せおりつひめ》」とか名前を思い浮かべるでしょ。大きい〝神さん〟というか。

有名なね。ちなみに、神さんというのは、神様や神意識《かみいしき》、神と同じことだよね。

そうです。で、大事なのは、神様は一人じゃないってこと。何十、何百、何千、何万……、もう数えきれないほどの存在がいて、それぞれ部類《ぶるい》に分かれていて段階《だんかい》もあるの。そのトップのリーダー的存在が、みんなが知っているような神様。水だったら瀬織津姫《せおりつひめ》さん。太陽だったら天照《あまてらす》さん、とか。

なるほど。

日本では瀬織津姫《せおりつひめ》だけど、国によって表し方《かた》もちがったりもするわけだけど。神様は一つの存在じゃなくて、同じものを守る神さんの意識《いしき》、神意識《かみいしき》がたくさんいるってこと。

水、太陽、雨というふうに、それぞれスペシャリストの神様が集まったグループがあって、有名な神様はそのトップというかんじなのね。

天使・神様へ上がっていく

今ね、3次元《じげん》の地球で亡《な》くなった人は、これまでのカルマを解消《かいしょう》して、5次元《じげん》の天使になっていて。

亡《な》くなると、すぐ天使になってるの？

そう。4次元《じげん》はフィルターみたいに通《とお》り抜けて、亡《な》くなったらいきなり5次元《じげん》の天使になる意識《いしき》が多いの。でも最近亡《な》くなった人は、まだカルマが厚いのね。だから、亡《な》くなってすぐに天使になりはするけど、エネルギーが天使になじむ前に、一旦、シューって真っ逆さまに3次元《じげん》に降《お》りてきて、人間たちに「カルマを私たちといっしょに手放《てばな》しましょう」ってやってるの。「手放《てばな》したら、あなたの次元《じげん》が上がる。私も神意識《かみいしき》の第一歩を踏《ふ》み出せる」と言ってね。

今、3次元《じげん》の地球の人たちは、次元上昇《じげんじょうしょう》して5次元《じげん》に行こうとしているから、天使さんたちは、もっと上に行きたいよね。

カルマを早く手放《てばな》して、神様になりたい。5次元《じげん》からさらに上に上がりたいのよ。

今の状況《じょうきょう》は、天使さんたちが、私たちの次元上昇《じげんじょうしょう》をお手伝いしてくれているとも言える？

そうそう。それで天使さんたちは、カルマを外したら「神様の学校」に行きます。

神様の学校もあるのね！

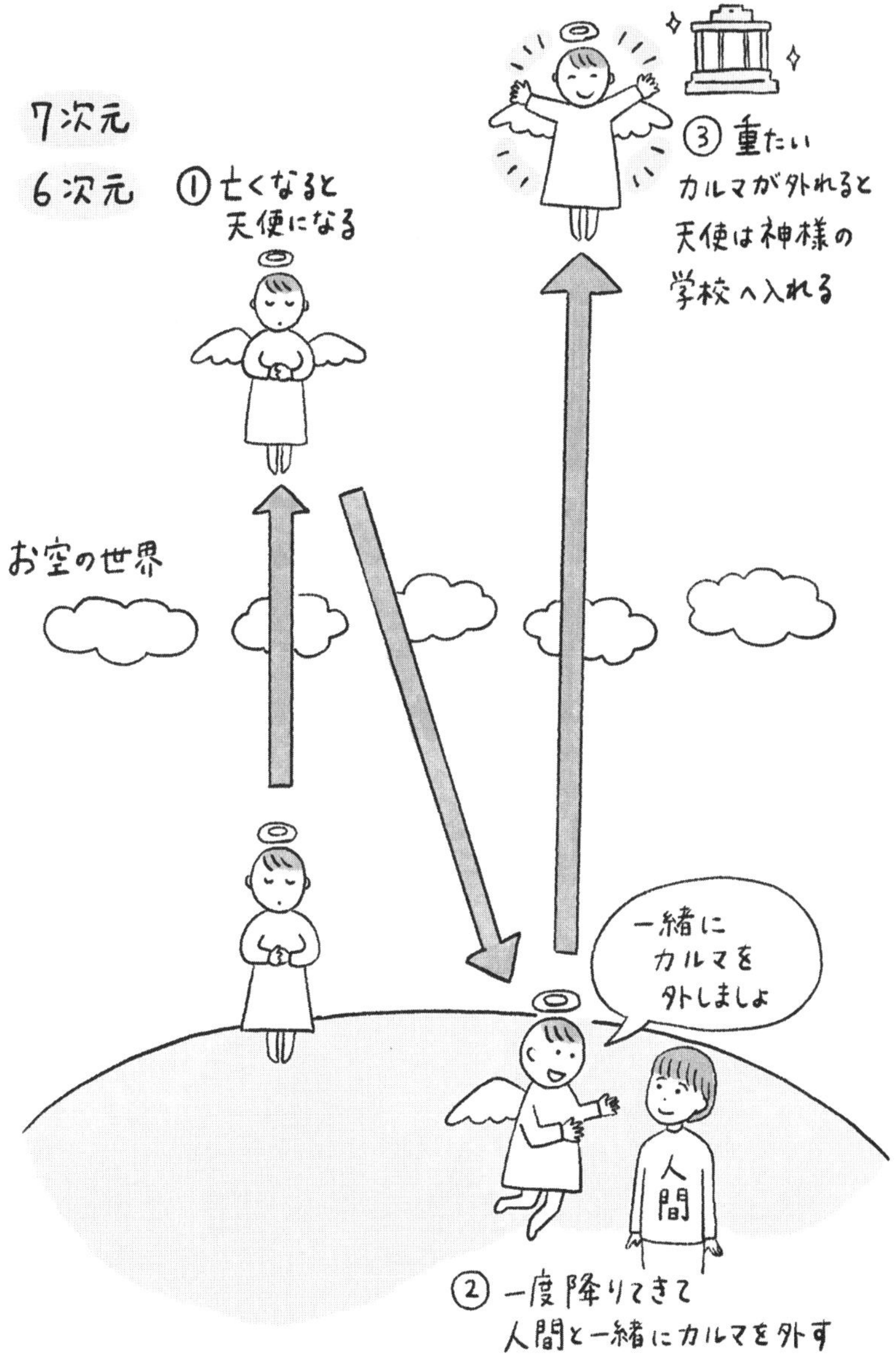
7次元
6次元
①亡くなると
天使になる
③重たい
カルマが外れると
天使は神様の
学校へ入れる
お空の世界
一緒に
カルマを
外しましょ
人間
②一度降りてきて
人間と一緒にカルマを外す

神様の学校のテストはこんなかんじ

天界から見ると、地球で私たちが通う学校は小学校。「魂《たましい》の学校」が、中学校。「天使の学校」が、高校。「神様の学校」が、大学。そんなイメージ。神様の学校は、入学テストがあって。

それはどんな内容なの？

たとえば、エネルギーをいろんなところから出したり……。

地球の学校の入試みたいに、そのテストを突破《とっぱ》しないと入れないのかな？

そう。でも、正直なところ、テストというよりも、その人がどれだけエネルギーを使えるかとか、計測というかんじ。点数をつけることはほとんどないけど、わかりやすく言うと１００点満点中70点以上だったら大丈夫なわけ。

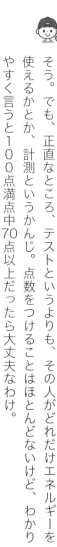

～イメージ～　お空の世界（天界《てんかい》）

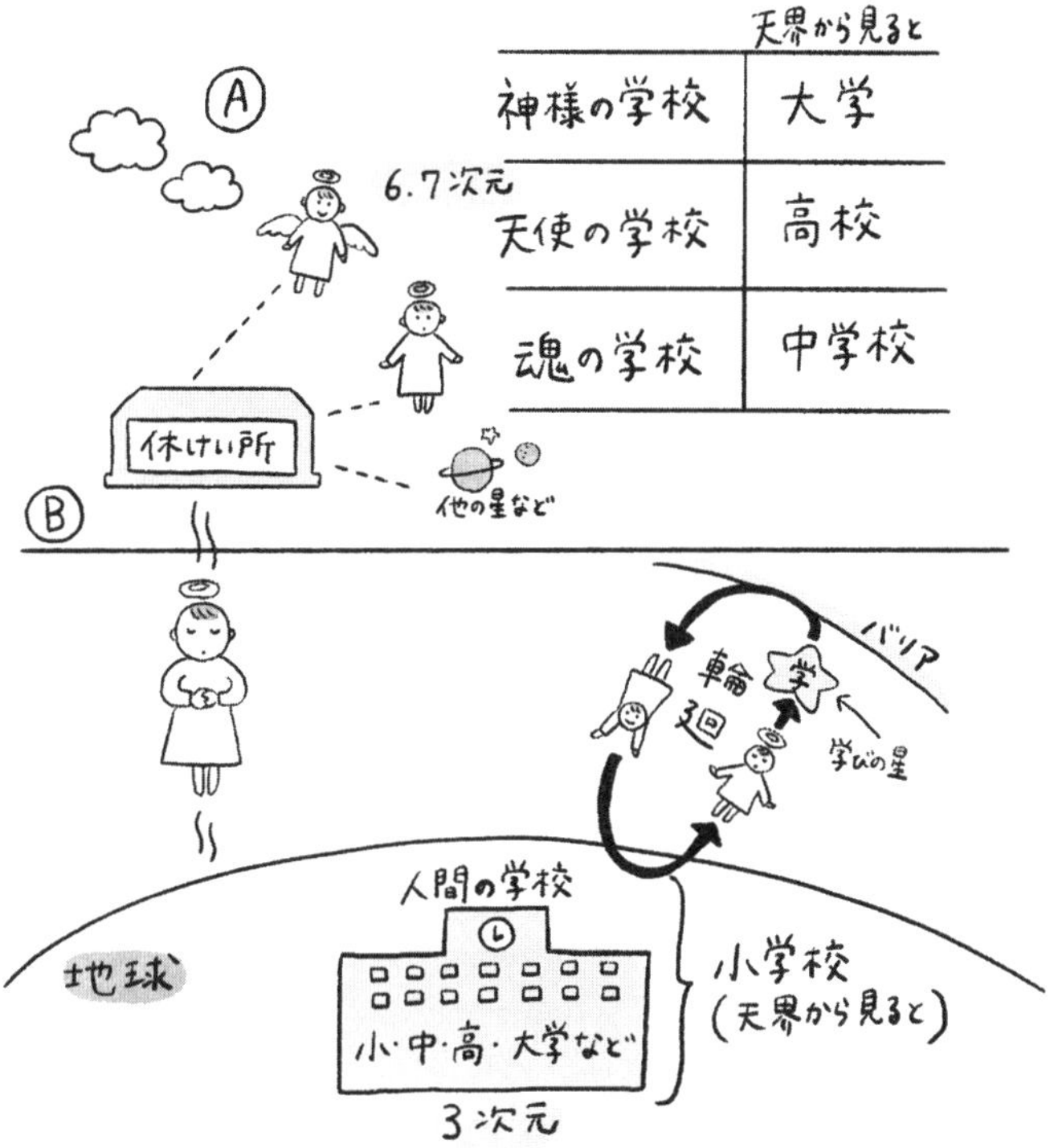

私たちの魂《たましい》は、みな同じようにお空で過ごしているわけではありません。また、同じように生まれ変わりをしているのでもありません。

A　お空に還《かえ》り天使の学校に行く魂《たましい》もいれば、魂《たましい》の学校に行く魂《たましい》もいれば、学びの星に行く魂《たましい》もいれば、地球を含むいろいろな星へ行く魂《たましい》もいます。

B　死んでお空へ還った魂《たましい》は、一度、休憩所《きゅうけいじょ》のようなところでお休みします。

それをクリアすると、学校生活が始まるのね。

ある程度《ていど》いろんなことを勉強したら、第二次テストがあってね。それは、入学してから習ったことのまとめなの。それも70点以上だったら大丈夫。それに通《とお》ったら荷物をまとめて、今度は寮《りょう》に入るんです。

どんな荷物があるの？

神様の学校は、行きと帰りに帽子《ぼうし》をかぶるのね。

それはなんで？

頭頂部《とうちょうぶ》や、その上のあたりを守るためかな。あとは、お着物とかをたくさん入れて寮《りょう》に行きます。

神様の学校ではみんなお着物を着ているの？

そう。日本人だった意識《いしき》はみんなお着物を着ていて。

それは日本人だった意識《いしき》の名残《なごり》で着物を着るのかな？

日本の伝統《でんとう》に従う意識《いしき》が残ってるみたい。寮《りょう》は、一部屋が地球の大きなおうち1軒《けん》分くらいあるの。5人で住んでいたら各々《おのおの》に部屋がちゃんとあって、それに広いリビングがついてる。

広々としたシェアハウスみたいね。

そう。そこから毎日学校に通《かよ》うんだけど、卒業前に最終テストがあって。なんかテストだらけに思うかなあ。テストって言い方《かた》、へんかな？

確認《かくにん》ってかんじかな？

そう！　確認《かくにん》ってかんじ。それは80点以上だったら大丈夫。約1000人の意識《いしき》の存在がいっせいにテストを受けて、600人超《こ》えるくらいの意識《いしき》たちが合格する。

もし試験《しけん》に落ちちゃったらどうなるの？

何度も何度も受かるまで挑戦《ちょうせん》できるから。

学校に入ったら、どんどん上に上がっていくシステムなのね？

そう。これに合格すると、ほんっとうにスゴイ。合格したら大きな会場で授与式《じゅよしき》があるのよ。そこで神意識《かみいしき》の一番上の存在から、卒業証書《そつぎょうしょうしょ》みたいなかんじで、「神様になりましたよ」というお着物を授与《じゅよ》されて。次の日から正式に神意識《かみいしき》という部類《ぶるい》に入るわけ。

神意識《かみいしき》の新入生はお着物を着ている

そこから神様のお仕事をしていくのかな？

神意識《かみいしき》という部類《ぶるい》に入ると何個も選択肢《せんたくし》があって。水を司《つかさど》るところ、太陽を司《つかさど》るところ、どれがいいですか？　と言われて、好きなのを選べるの。それで、その中の

神様の学校の進級システムと神様の世界

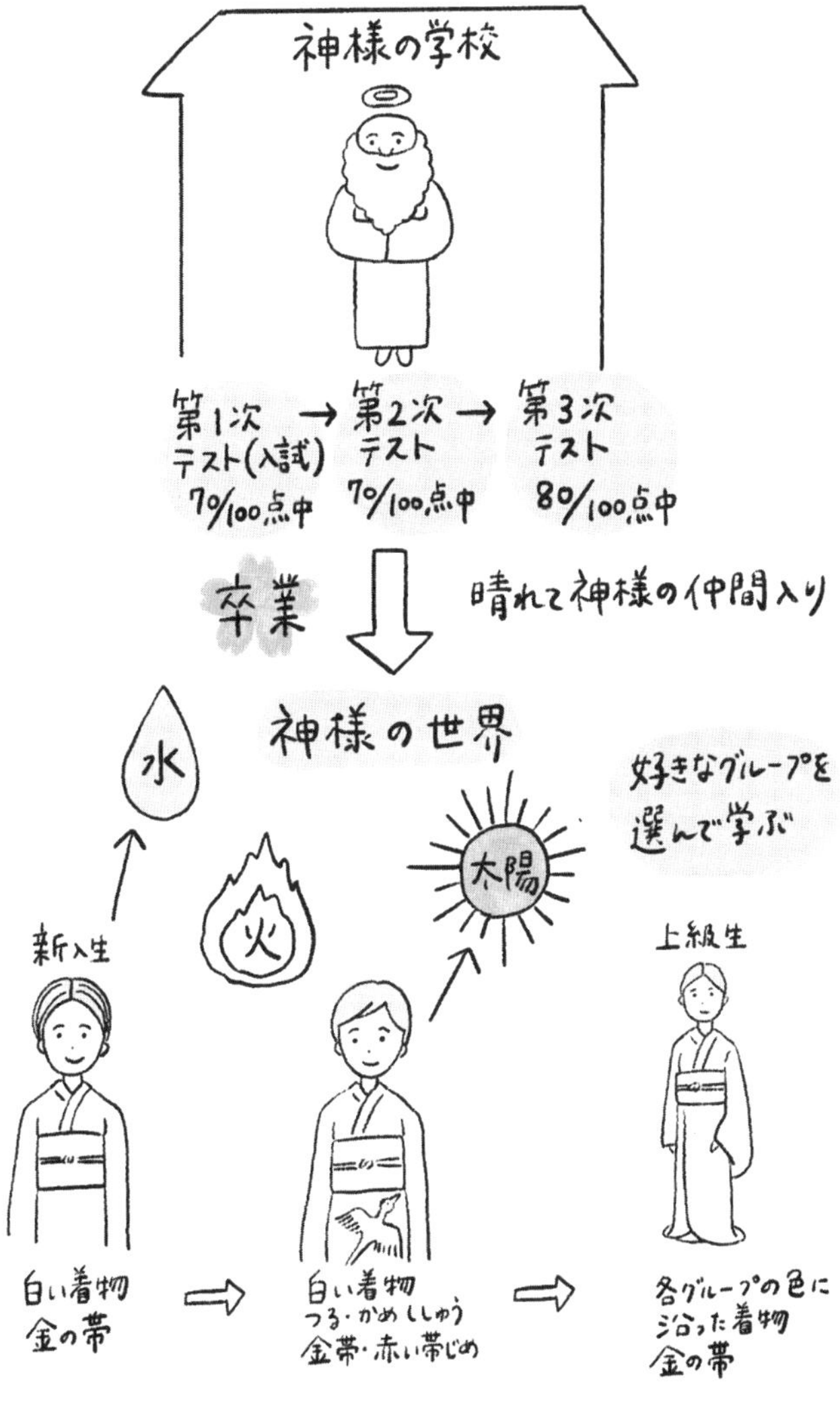

トップの存在にいろいろ教えてもらうの。エネルギーの出し方《かた》とか。で、水グループを選んだら、水グループのおうちでいっしょに暮《く》らすの。一部屋ずつ用意されていて、マンションみたいなかんじ。神様になったら、授与式《じゅよしき》でもらった神様のお着物を毎日着るのよ。

神様のお着物はどういうかんじ？

最初は白いお着物に金の帯なのね。次は、白いお着物に亀《かめ》さんや鶴《つる》さんが描《えが》かれて金色《きんいろ》の帯に赤いリボンみたいな……。

帯締《おびじ》めかな？

それ！　その次は、各グループの色に従うの。水グループだったら水色のお着物に金色《きんいろ》の帯。

上のほうになると共通しているのね。

共通してるけど下は袴《はかま》だったり、ちょっとずつちがったりもして。でも、だんだん制服っぽくなる。

最初は同じ色の着物5着くらいを着回していて。神意識《かみいしき》の上の上のほうまでいくとドレスも大丈夫になって、両方5着ずつ持つようになるの。神意識《かみいしき》のトップ中のトップになると、国も関係なくなるの。アフロディーテさん、いるでしょう？　そういう外国の神意識《かみいしき》の存在もお着物を着て大丈夫だし。日本の瀬織津姫《せおりつひめ》さんがドレスを着ても大丈夫になるの。

地上で大きなお役目を果たした人は神様の学校で「飛び級」する！

お空でも、学校にそれぞれ段階《だんかい》があったり、日本人だった意識《いしき》はお着物を着ていたり、面白《おもしろ》いね。

中には飛び級する人もいるよ。神様の学校は、3回テストがあるけど、1回のテストだけで1級飛び越《こ》えたり。

どういう人が飛び級するの？

地上ですごい大きなお役目をした人。たとえば、Chie《ちえ》さんのお母さんとか。

えっ！　私のお母さん？　私の母は飛び級して、今、神様になってるの？

なってるよ。Chie《ちえ》さんみたいに大きな光を発《はっ》する人の家族とかは、やっぱりすごい。飛び級した人は、最初から白地に鶴《つる》の刺繍《ししゅう》のお着物着てる。ただそういう人は、特《とく》殊《しゅ》な道を行くんだよね。

今、すごい鳥肌《とりはだ》が立ってる。みーちゃんに私のお母さんの話はしたことないよね……。

じつは、母は私を産むとき、すごく重荷《おもに》だったらしくて。理由はわからなかったようだけど、素直によろこべなくて、「とにかく大変なことになった。産みたくない」と思ったんですって。母は何かお役目的なものをとらえていたのかな。

赤ちゃんがおなかに宿《やど》ると、ふつうは第3の目と心の部分と、おなかのところ、3か所でお母さんと細い糸みたいなのでつながるの。それが、Chie《ちえ》さんとお母さんは、すっごく太くて。しかも、指1本1本もお母さんとつながっていたし。

うちの母、冗談《じょうだん》ではなくわざと転んでみたりして、流れてしまってもいいと思ったと私は聞いていて。でもしぶとかったんですって。

どれだけ引っぱっても取れないよ。ビヨン、ビヨンってゴムみたいにお母さんにくっついていたから。

驚《おどろ》いた！　私に限らないでしょうけれど、地上で何をするのか、明確な意図《いと》を持って生まれる人の命を宿《やど》す母親の役割《やくわり》も大きいってことなのね。

人間から神《かみ》意《い》識《しき》になるには

人間から神意識《かみいしき》になる。要は神様になるには、私の母のようなケースのほかに、どんなケースがあるのかな。徳《とく》を積《つ》むとか？

みんな神様の学校で試験《しけん》は受けるけど、地上で徳《とく》を積《つ》むようなことをたくさんした人の魂《たましい》のほうが、もちろん神様には上がりやすくて。

あと試験《しけん》を受ける前にね、自分で神様になろうと決めていると、「これに記入して提出してください」っていう報告書《ほうこくしょ》みたいなものがくるの。「前の転生《てんせい》で何をしましたか？」とか書いてあるから、「宇宙銀行《うちゅうぎんこう》に徳《とく》がこれだけ貯まっています」とか、ぜんぶ記入して出すと、それが事前にカウントされて、それから試験を受けるかんじ。

その用紙を読んだり、試験《しけん》の判定《はんてい》をする意《い》識《しき》はどういう存在？　何人くらいいるの？

神意識《かみいしき》の上のほうの15人くらいかな。紙に丸つけするわけじゃなくて、試験《しけん》の問題の答えがあってることより、じつは紙から伝わってくる書き手のエネルギーを読み取っ

2 地上で大きな使命を果たす人の家族

3 もともと神意識《かみいしき》のエネルギー体を持つ

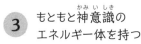

てて、それが一番大事なところ。だから、どんな意識《いしき》をしているか、筒抜《つつぬ》けなのよ。

もともと神意識《かみいしき》のエネルギーを持っている人もいる

みーちゃんがお空で天使だったときに、Chie《ちえ》さんは音楽の先生で水の女神《めがみ》だったという話を教えてくれたでしょ。私の場合は、どうやって女神《めがみ》になったの？

Chie《ちえ》さんは試験《しけん》に合格したというレベルじゃなくて、もともと存在のエネルギーの中に女神《めがみ》のエネルギーがあったから。神意《かみい》識《しき》には特定《とくてい》のエネルギーがあるんだけど、それを持ってるの。みーちゃんもそうだよ。

神意識《かみいしき》へ上がる人の特徴《とくちょう》

神様になる魂《たましい》は、みな神様の学校の入学試験を受けますが、右の三つのどれか一つは必ず満たしています。

1 地上で徳《とく》を積《つ》んでいる

特定《とくてい》のエネルギー、女神《めがみ》の周波数《しゅうはすう》をもともと持ってたなんて！　人間が徳《とく》を積《つ》んで神様になるのとは、やっぱりちがいがある？

わかりやすく言うと、徳《とく》を積《つ》んで神様になった場合は、神意識《かみいしき》の世界の新入社員《しんにゅうしゃいん》みたいなかんじ。Chie《ちえ》さんやみーちゃんは、もともと神意識《かみいしき》のエネルギーがあるから、先輩《せんぱい》なかんじ。

Chie《ちえ》さんは、水の女神《めがみ》だったけど、天使の学校で音楽の先生をしていたっていうのはどうしてなのかな？

Chie《ちえ》さんは水の女神《めがみ》がベースで、音楽の先生だったChie《ちえ》さんは、水に音を転写《てんしゃ》して覚えさせたり、水が流れる音をコントロールして、ドレミファソラシドってやってたの。水の音で音楽を奏《かな》でたりしてたんです。

今Chie《ちえ》さんは地球人だけど、意識《いしき》は水の女神《めがみ》がベースだとすると、人間が輪廻《りんね》や転生《てんせい》しているのとはちがう意識《いしき》の在《あ》り方《かた》なの？

ぜんぜんちがう。水の女神《めがみ》がどんとベースにあって、枝分《えだわ》かれしてるの。水の女神《めがみ》

「お空の学校」の音楽教室でみーちゃんが横笛《よこぶえ》、みーちゃんの妹がハープを、Chie《ちえ》さんから教えてもらっている様子です。

が本業《ほんぎょう》で、音楽の先生とか今の画家さんとかは副業《ふくぎょう》みたいな。

なるほどね。みーちゃんから見ると、今地球上にいる人間の中で、もともと神意識《かみいしき》を持つ存在はどれくらい？　結構《けっこう》いるのかな？

一部だと思うけどな。

逆に言うと、人間が徳《とく》を積《つ》んだりして、だんだん神様になっていくほうがスタンダードで、割合的《わりあいてき》には多いと言える？　それもレアなの？

多くはないかな。もともと神という存在で、そこから分裂《ぶんれつ》してできた神さんもたくさんいるから。たとえば、この神さんと、この神さんはじつは同じ意識《いしき》。そこから分かれてますみたいな。

同一神《どういつしん》と言われる神様がいらっしゃるよね。

そう。同じエネルギーを持ってるけど、担当する分野がちがうというパターンの神さんは結構《けっこう》いて。だから、徳《とく》を積《つ》んで人間から神さんになる人が多いわけでもないの。

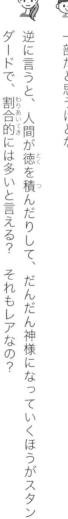

女神《めがみ》と男神《おがみ》

Chie《ちえ》さんやみーちゃんのように、女神《めがみ》の意識体《いしきたい》を持つ存在がいる一方、男神《おがみ》もいるでしょう。やっぱりその二つは役割《やくわり》がちがうと思うのね。

ぜんぜんちがう。女神《めがみ》は、水みたいなエネルギーの性質を多く持ってるの。包《つつ》み込《こ》むとか、大地を潤《うるお》して子どもを産み出すとか、浄化《じょうか》したりとか。男神《おがみ》は豊かさとか。

男神《おがみ》は、豊かさなんだ。

豊かさと支えるかんじ。男神《おがみ》が支えて、女神《めがみ》がお花みたいに咲いてる、みたいなのがわかりやすいかな。

そういった神意識《かみいしき》の性質がもともとあるならば、今、人間の女性と男性として生まれてきた人の在《あ》り方《かた》も、本来はそれが自然だよね。

ほんとうにそうよ。男神《おがみ》と女神《めがみ》が対《つい》みたいになってることもあって、その神様同士が一つに統合《とうごう》されて、半分は男神《おがみ》のエネルギー、もう半分は女神《めがみ》のエネルギーを持ってるって選択《せんたく》をするときもあるの。

そういうケースはどういう意図《いと》で選択《せんたく》するの？

それぞれの意識《いしき》がじゅうぶんに分かれている状態《じょうたい》を経験したから、今度は一つになってみようと。やっぱり対《つい》で中間のエネルギーのほうがバランスは取れるから、天秤《てんびん》みたいに。どうしても片っぽが強いとかたよるでしょ。

そうだよね。

ちなみに、もともと持ってる火のエネルギーとか水のエネルギーとかは、意識《いしき》ごとにベースとしてがっちりあってゆるがないから、対《つい》になっても変わらないよ。

宇宙の源《みなもと》と同化《どうか》すると、無限《むげん》になる

魂《たましい》が神意識《かみいしき》にまで上がったとするでしょう。そのもっと上、神意識《かみいしき》のずーっと上に上がっていくとどこまでいっちゃうの？　それは、宇宙の源《みなもと》とはまたちがうのかな？

神様の一番上まで行くことはできるけど、そこから上は……なんかねえ、まだまだたどりつけないというか、同化《どうか》することはできないのね。

できないんだ。

まだ、ね。最終的には同化《どうか》していくのだけど、神様とかアセンデットマスターの意《い》識《しき》でさえ、まだだから。源《みなもと》はもう、桁《けた》ちがい。比べ物にならないくらい遠いというか。けっこうコツコツしないとその次元《じげん》にたどりつかないかんじ。

そんなに離れてるのね。よく、神意識《かみいしき》まで行くとワンネスの意識《いしき》になるとか、源《みなもと》と

MEMO　宇宙の源《みなもと》……根源《こんげん》であり、光そのもの。すべてが生まれた時空《じくう》のことよ。

一つになる、ととらえている方《かた》もいると思うけど、そうではないのね。源《みなもと》と同化《どうか》すると、無限《むげん》になるの。お空ではみーちゃんは天使さんで、そのときのみーちゃんのお母さんは風の女神《めがみ》様だったんだけど、いっしょに源《みなもと》さんのところにご挨拶《あいさつ》に行ったことがあってね。だから行くことはできる。でも同化《どうか》することはできない。
3次元《じげん》で肉体を持っている人間と神様は同化《どうか》することはできないでしょう。それみたいに、神様と源《みなもと》も同化《どうか》することはまだできないの。

あなたは一人ではない。内なる神意識《かみいしき》にフォーカスしよう

今、混沌《こんとん》とした世の中に私たちはいてね。いつまでこの状態《じょうたい》が続くのかな、とふさぎ込《こ》んでしまう人もいると思うの。そういうときはどんなふうにしたらいいかしら。

もともとは、私たちも源《みなもと》から分かれた存在でしょ？　だから、神意識《かみいしき》も私たちの中に存在している。神意識《かみいしき》も今の状況《じょうきょう》をある意味かんじているわけ。一人で体験して

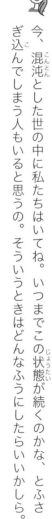

いるわけじゃないの。いっしょにかんじてくれていて、守ってくれてもいる。

じつは神社も、ほんとうは自分の中の神意識《かみいしき》を引き出すためにあるのよ。でも神社に行ったときだけ神様に会えるわけじゃなくて、自分の中にも神は存在するから。

自分の中の瀬織津姫《せおりつひめ》に意識《いしき》を向けたら、出てきて協力してくれるから。

自分の中の神聖《しんせい》な神意識《かみいしき》にもっとフォーカスしていくことが大事なのね。

神さんもそう言ってるの。エネルギーがほしいときは、どんどん言ってくださいって。

目に見えないサポーターたちが絶対にいてくれるんだ。それって心強いよね。

神様への祈《いの》りと願いのちがい

地球の波動《はどう》が変わっていく中で、たとえば神社とかの神様の周波数《しゅうはすう》も今までとはちょっとちがうかなって私は思うのね。みんなずっと同じように参拝《さんぱい》してるようだけど。どうだろう？

みんな、神社とかに行ったとき、神さんに手を合わせるでしょう。そのとき、祈《いの》っている人はすごく少ない。ほとんど願いだよね。

もしかすると、祈《いの》りと願いのちがいがわからない人も多いかもしれないね。

ちなみに、この話はお空の天使の学校で、ちょっとお勉強したお話で。願いと祈《いの》りはちがうよって。

そうなんだ。どんなふうに教わったのかしら？

学校のみんなは、「祈《いの》りしかやんないでしょ」とかって言ってたの。でも、「地球にはたくさんいるんだよ、願いをやってる人」って話が出てきて。

お空の上では、みんな祈《いの》りしか知らないから、「それ以外にないでしょ」って思うんだよね。

ほんとうは、祈《いの》りと願いと念《ねん》の三つに分かれるのね。祈《いの》りと願いについて言えば、中には「私は、こうこうこうなりますように、ってちゃんと祈《いの》ってます」と思う人もいるかもしれないけど、「こうこうこうなりたい」という時点で、それはもう願いだから。

祈《いの》りじゃなくてね。

それは、「自分はこうなりたい」というのを、神さんに伝えてるだけだから。そうすると、神さんは、「いやいや。私たちがやるわけじゃなくて、あなたが自分でやるんですよ」ってなる。神さんに、もう自分のお願いは通用しなくなっちゃってるというか。たとえば、コロナがすごいときによくあったんだけど、「みんなが大変なのでコロナが収《おさ》まって全体が平和になりますように」と伝えたら、祈《いの》りになるかもしれないけど……。

自分だけじゃなくって、人のためにも祈《いの》っているからね。

だけど、心の奥《おく》で、ほんとうは「早く旅行に行きたいから」と思っていたりすると、神さんは、「心の奥《おく》で思ってることとちがいますね」ってなっちゃう。

筒抜《つつぬ》けだよね。

そうそう。「筒抜《つつぬ》けですよ。把握済《はあくず》みです」となっちゃうから、心の奥《おく》からの言葉かどうかが大事で。
たとえば、心の奥《おく》から「世界が幸せになってほしいから」という理由が神さんに届いたとすると、神さんは「じゃ、行ってくるね」って、源《みなもと》さんに報告《ほうこく》しにいってくれたりする。

神社の神様は自分のための願いよりも人のために動く人をサポートしたい

Chie《ちえ》さんの感覚《かんかく》だと、ここ何年かで、神様も波動《はどう》がずいぶん変わってさらに高くなっているようなかんじがしていて。たとえば神社でも、昔だったら、個人的な願いを叶《かな》えてくれたことが、まあまああった気がするのね。でも、もう、完全に今、波動《はどう》がちがうじゃない。そうなってくると、個人レベルの願いは、もうどこも受けつけてないように思うんだけど。

地球の磁場《じば》が上がってるから、神さんのほうも、トゥルットゥルってレベルアップしてるの。自分の願いよりも、人のために動こうとする人を強くサポートをする態《たい》勢《せい》に入ってきてて。

そうだよね。たとえば、自分の子どもがケガしちゃったようなときも、「神様どうかうちの子を早く治してください」というような願い方《かた》ではなくて、もっと全体的な視点《してん》を持つというか。

「うちの子のように、今、大変な思いをしている子どもをサポートしてあげてください」みたいに。

そういうことであれば、祈《いの》りとなって通《つう》じそうかしら。

うん。神さんも「わかった」っていうと思う。

そのちがいがわかってない人が結構《けっこう》いるのかも。かんちがいしやすいので気をつけるといいよね。

だれかをうらんだり、念《ねん》を送るような意識《いしき》は淘汰《とうた》されている

念《ねん》というのは、どんなものなのかな？　うらみ、ねたみ、そねみと言ったりするよね。そういうものかな？

そう。前にだれかにいやなことをされたとするでしょう。それをずっと根《ね》に持って

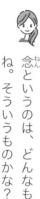

いて「こんなことがあったので、この人を懲《こ》らしめてください」って仕返《しかえ》しをお願いしたり。そんなこと神さんにいう人はいないと思うんだけど、もしそうしたら、神さんはもう、反応どころか、「……」。シーンってしちゃう。サササーって後ずさりみたいな。

そうか。大昔、ドロドロした怨念《おんねん》だったりが強いと通《つう》じてしまうよって聞いたことがあったんだけど、それって怖いじゃない？　もうそういうのは、ほとんどないのかな？

念《ねん》のエネルギーがある程度《ていど》集まると、形となってあらわれることは、あるっちゃある。たとえば、「この人が苦しみますように」みたいな念《ねん》のエネルギーが強くなると、相手に伝わってその人がケガして苦しむとか。でも、今はもうほとんどない。念《ねん》やうらみを持ち続けるような人たちが、ほとんどいなくなっちゃった。

生きづらくなってきちゃってるからね、そういう人。だれかをうらむとか、そういう時代じゃもうないもんね。

そう。それに、「あいつなんか」ってうらむようなドロドロした念《ねん》のエネルギーを、

だれかにぶつけたとしても、結局それは、反射板《はんしゃばん》があるかのように、そのまんま自分にもどってくるよね。

そうよね。そこは、知っておくといいよね。念《ねん》を投げてそっちに行きっぱなしということは絶対ないからね。

心からの祈《いの》りを捧《ささ》げると、好循環《こうじゅんかん》が起こるわけ

たとえば、何かについてすごく祈るとするでしょ。まったく見返りを求めず、ただ単に無心《むしん》に祈った結果、望む形でもどってくるようなことはある？

あると思う。祈《いの》りはすごい波動《はどう》が高いから、源《みなもと》さんもぜんぶ把握《はあく》してる。だから1個祈ると、「祈ってくれて、サポートしてくれて、ありがとうございます」みたいに、お礼の品みたいにもどってくるっていうか。

愛《あい》を贈ったら、気がついたら自分が愛《あい》をまた受け取ってるようなかんじ？

そう。いいものもらったな、みたいに。それで、「いいものもらったし、もうちょっと祈《いの》ろうかな」って自然に祈《いの》ると、またもらえて。また祈《いの》る、またもらう、また祈る、またもらう、ってなるの。

もらいたくてやるわけじゃなくて、自然に祈《いの》りたくてやってることが、循環《じゅんかん》していくという。

そう。「祈《いの》ったらなんかもらえる」と意図《いと》して祈《いの》ると、逆にそれも、「ん？」って神さんは気づくから。

通用しないよね。

言霊《ことだま》は小さい声でも万物《ばんぶつ》に届く

さっきお散歩したとき、小さな川でちょっと遊んだでしょ。そのときChie《ちえ》さんが、ほんとうに小さい声で祝詞《のりと》みたいの上げだして。でもみんなが知ってるようなやつじゃなくて。

ちがってたよね。あのとき、みーちゃんに対してももちろんだけど、突然《とつぜん》、あの場所へご挨拶《あいさつ》したいという気持ちがわいてきて、口から出てきちゃったの。

水がその言霊《ことだま》でゆれてね、「Chie《ちえ》さんの言霊《ことだま》は、こんなふうになってるよ」って、耳の近くで言われてるくらいの声で説明してくれたの。

ええっ！　それはChie《ちえ》さんの声じゃなくてだよね？

ちがうよ。それで、Chie《ちえ》さんの言霊《ことだま》は、自然に対する祈《いの》りとか感謝《かんしゃ》の塊《かたまり》みたいなかんじだよって。

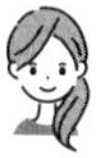

そう教えてくれたのね。ほら、自然と口が動いて発《はっ》せられた声だから、その周波数《しゅうはすう》やゆらぎを、川の精霊《せいれい》さんとかがキャッチしてくれたのかな……。
私は、自分が祝詞《のりと》を上げたりするとき、じつはあまり意味を理解《りかい》してないの。ただ絶対に大丈夫だからという感覚《かんかく》で、とにかくいつも祈る気持ちでやってるのね。でもやっぱり、言霊《ことだま》は強烈《きょうれつ》ってことだよね。

言霊《ことだま》はほんとうに強い。大した意味もなく言ってる言葉でも、それが上とつながっている本質《ほんしつ》からの言葉であれば、すごく響《ひび》くものがあるし。すっごく小さい声でも、だれの耳にでも届くようになってる。ほんとうに面白《おもしろ》いよね。

逆に言うと、ちゃんと大きな声で言ったとしても、本質《ほんしつ》であるハイヤーセルフからの言葉でなければ通《つう》じないよね。

言葉は、音に乗る思いが大事

言葉を構成《こうせい》する一つひとつの文字が神聖《しんせい》で、発《はっ》する音にパワーがあると言われるマントラのようなものを信じている人もいるよね。そういうのは、みーちゃんから見ると、どう？　音よりもだれがどういう思いで発《はっ》するかのほうが大事？

だれがどういうふうに言うかのほうが、大事かもしれない。たとえば、みんなが知ってるような自然に対する祈《いの》りの文章とか祝詞《のりと》とか、それがすごくいいものでも、唱《とな》える人がブレてるとさ。

そのブレやズレを伝えることになっちゃうよね。

そう。だれかに伝わって逆効果になっちゃうこともあるから。

そうすると、自分が自分のために祝詞《のりと》を唱《とな》えたりするぶんにはいいかな？

人に言わない限りは、うん。

人のために唱《とな》えてあげたりして、いいケースもあれば、ちょっとやめたほうがいいケースもあるように、みーちゃんには見える？

やっぱり、どういう思いで、どういう周波数《しゅうはすう》で上げてるか、みーちゃんはわかるから。やっぱり、それを魂《たましい》の役目として持ってきた人がやるものであって、ただ覚えたからと言ってやるのはちがうような。

音も大事なんだけど、音に乗る思いのほうが、ね。

音が、ほんとうにすごくいいものだとするでしょ。でも、その唱《とな》える人が、ぜんぜん整ってない人だったとしたら、その音すら、淀《よど》む。ほんとうはきれいな音なのに、くすんだかんじになっちゃう。

それは日常会話《にちじょうかいわ》にも言えると思うな。だれかに言葉をかけたとき、自分が思った以上に、言葉がパワーを持ってしまうことがあるよね。そのあたり、ちゃんと自覚《じかく》しながら、言葉を大事にお話ができるといいよね。

自分の中の神様を思い出すと自己《じこ》肯定感《こうていかん》が高まる

今、地球の次元上昇《じげんじょうしょう》の勢《いきお》いの中で、神様との一体感《いったいかん》を思い出していくというか、かみくだいて言えば、自分の中の神様、つまり神聖《しんせい》さに気づいて新しい創造《そうぞう》をスタートする人が増《ふ》えているようにかんじます。

神様というと、一般的《いっぱんてき》には自分よりはるか遠い存在、たてまつるべき存在だと認識《にんしき》している方《かた》がまだ多いかもしれません。

なぜそう思うかと言えば、分離《ぶんり》の意識《いしき》を生きているからです。しかし神様も私たちも、故郷《ふるさと》は同じ宇宙の源《みなもと》です。そこから分離《ぶんり》した状態《じょうたい》を長い間経験してきたので、それぞれ個別の存在だと思っているけれど、本来は同等であり、私たちの中にも神様がいます。

みーちゃんは、神様を〝神さん〟と親しみを込《こ》めて呼ぶことがありますが、もちろん、そこに敬意《けいい》や感謝《かんしゃ》がないわけではありません。必要以上に、神様を特別な存在として、高《たか》みに置いて、それに対して、低いダメな自分という位置づけで、神と自分を分離《ぶんり》させていないからこそ、自然にそう呼んでいるのだと思います。

自分の中の神様を思い出すようになると、自分自身にも敬意《けいい》をはらい、大切に扱《あつか》うことができるようになります。すると、自己肯定感《じここうていかん》が高まって、ありのままの自分を認めることができるようになります。外側のだれかと自分を比べて、上下をつけて「私はやっぱりダメ」「あの人には敵《かな》わない」と自己否定《じこひてい》をすることもなくなってくるでしょう。

外の目を気にせず、「とにかくやってみよう」と自分を信じて前に進む力がわいてきて、神社などで神様にお願いをして望みを叶《かな》えてもらうという発想《はっそう》自体が起こらなくなったり、違和感《いわかん》を覚えるようになったりするかもしれません。

それに、自分を応援《おうえん》してくれる意識《いしき》は、神様だけではなく、天使や自然界の精霊《せいれい》たちや、ご先祖様《せんぞさま》、とたくさんいること。もっと言えば、それらの存在もすべて源《みなもと》からの分《わ》け御霊《みたま》であり、自分自身の一部であることが腑《ふ》に落《お》ちて、自分は無限《むげん》の可能性《かのうせい》という光そのものであることに気づくでしょう。

4話

完全なる愛《あい》と調和《ちょうわ》の世界がよみがえるお話

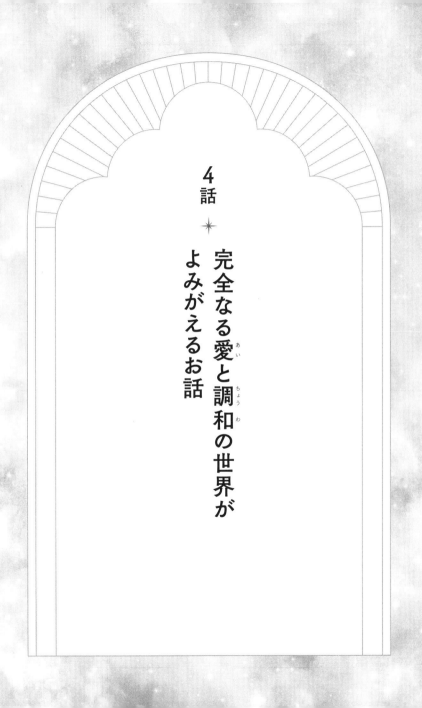

地球が5次元《じげん》に移行《いこう》すると レムリア時代が再現《さいげん》される

今、地球も私たちも波動《はどう》を上げて3次元《じげん》から5次元《じげん》に上昇しようとしている真っただ中にいるでしょ。5次元《じげん》の「新生地球《しんせいちきゅう》」に移行《いこう》すると、約1万2000年前まであったとされるレムリア大陸がよみがえるって言われていたりするよね？　みーちゃんとChie《ちえ》さんが地上で初めて会ったのはレムリアのときって聞いたから今回は、レムリア大陸で暮《く》らしていたころのお話を聞いてみたいなと思ったの。

はい！　みーちゃんは、レムリア大陸で暮《く》らしていたときは、人魚だったのね。15歳くらいからは人間になったりもしたのだけど。で、Chie《ちえ》さんは水の女神《めがみ》。それで、いっしょに海の検査《けんさ》とかしてたの。だから、みーちゃんは、Chie《ちえ》さんのレムリアのおうちにもたまに行ってました。

そうなんだ。レムリアは、「空中に浮いていた天空《てんくう》のレムリア」と、「地上の大陸だったレムリア」の二つがあったんだよね？　Chie《ちえ》さんのおうちは、地上？　それとも天空《てんくう》？

MEMO　レムリア大陸……はるか昔に地球上にあったとされる巨大な大陸で、レムリア人は高度な文明を築いていたんだよ。

みーちゃんが行ったことがあるのは地上のおうちです。みーちゃんは天空《てんくう》には行ったことなかったと思う。でもChie《ちえ》さんは、天空《てんくう》と地上、両方で暮《く》らしていたみたい。

そうか。Chie《ちえ》さんはね、なんとなくだけど両方の記憶《きおく》を断片的《だんぺんてき》に思い出すことがあって不思議《ふしぎ》に思っていたの。でもそういう人がいても不思議《ふしぎ》ではないってことね。レムリア大陸とかレムリア人はどんなふうにできたか知ってる？

うん、少し。レムリア大陸ができたとき、たくさんの星が助けてくれたのね。たとえば、レムリア人の第3の目、松果体《しょうかたい》のあるところは、金星からもらったもの。レムリア大陸の水やクリスタルはシリウスからもらったたし。緑とかの自然は、あの大きな銀河《ぎんが》、なんだっけ？

アンドロメダ？

そうそう。アンドロメダのいろんな星から空気とか自然とかぜんぶ集めてきたから。

MEMO アンドロメダ……アンドロメダ銀河とも言われて、地球から肉眼で見ることもできるうず巻き状の巨大な銀河。たくさんの星が集まってできてるよ。

そうなんだ。いろんな星からサポートを受けてたのね。

そういう星がなかったら今の地球も、ない。それにレムリア人はいろんな星からの恵《めぐ》みをぜんぶ大事にしていたから、ムダもなかったの。

調和的《ちょうわてき》だよね。

そう。人同士はもちろん植物とも動物とも、なんでも調和《ちょうわ》がすごい上手《じょうず》だった。

レムリア人はどんなふうにコミュニケーションを取っていたのかな？　カタカナとかアルファベットとか、今ある文字にはまったく属さない、ほんとうに見たこともないような記号のような字を使っていたって、前に教えてくれたことがあったよね。

レムリアの字というのは、たとえば「太陽」って書くときは、太陽の絵みたいな日の光のマークと線４本とか、そういう書き方《かた》をするから。漢字も自然に存在するものの形からできてるけど、レムリアはもっと自然そのままの形を絵にしてた。「月」だったら、ふつうに三日月《みかづき》とか満月《まんげつ》の絵にしてたし、星も、ふつうの星の絵だった。

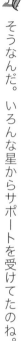

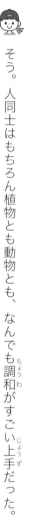

それで通《つう》じたのね？

そう。絵文字みたいなかんじかも。絵がそのまま文字の意味を持ってて、絵だけで通《つう》じ合えるみたいな。

テレパシーでコミュニケーションは取ってなかったの？

天空族《てんくうぞく》とか人魚はテレパシーでやってた。特に人魚は、海の中では音が聞こえないから、テレパシーとかイルカの超音波《ちょうおんぱ》とかで話してた。

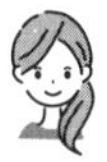

みーちゃんはレムリアのときは人魚さんと人間の両方で。お母さんも人魚さんだったのよね。

そう。お父さんはピンクイルカで。でも、レムリアは今の地球みたいに「子どもの遺伝子《いでんし》は両親から半分ずつ受け継《つ》がれる」とかじゃなくて、半身半霊《はんしんはんれい》だったから。たとえば、宇宙人と人間でもふつうに子どもは作れたの。どうしてかっていうと、1個のカプセルみたいなのにふたりのエネルギーを注《そそ》ぐと、そこから新しい生命《いのち》ができたから。

それがふつうのことだったのね。

そう。それに宇宙人さんは、今みんなが思ってるよりぜんぜん、怖くないし。

そっか。

だって、怖かったらシリウスから水とかクリスタルをもらえないでしょ。意地悪《いじわる》したり、ケチで何もくれないような存在じゃないから、宇宙人って。すごく知恵がある人が多いの。頭、すごくいいのね。異次元《いじげん》の発想《はっそう》をするから。

宇宙のサイクルに従《したが》って崩壊《ほうかい》したレムリア

レムリアの時代が、ずっと続いたわけじゃないよね。なぜ崩壊《ほうかい》してしまったのかな？　みーちゃんや私もそうだけど、レムリア人の魂《たましい》を受け継《つ》いでいる日本人は多いと言われるよね。「レムリア」という言葉を聞くだけで、心がきゅんってなる人、今、多いと思うんだけど。

そこまでくわしくは知らないんだけど、地球がそう決めていて、宇宙の流れだったから。レムリアがおわってアトランティスに行くときが、ちょうどその変わり目だったから崩《くず》さなきゃいけなかったのね。ゴゴゴゴーって崩《くず》れていったんだけど、じつはレムリアのいろんなものって今でも海の下にしゃぼん玉みたいなものの中に入ってるんだよ。

そのときの建物《たてもの》とか、そういうの？

そう。水の中に沈《しず》んでるんだよ。だから地球がこれから次元上昇《じげんじょうしょう》して5次元《じげん》で安定してきたら、それがまたパズルのピースみたいにくっついてレムリア大陸が再現《さいげん》されるかも。

すごいね！　それは海底都市《かいていとし》とか海底遺跡《かいていいせき》と言われるものとは、ぜんぜんちがうのかな？

ちがうの。ばらばらになって海の底のほうに落ちてるのね。ちょっと海に潜《もぐ》ったらあるんだけど、今の私たちには見えない。

次元《じげん》がちがうところにあるから探せないのね。Chie《ちえ》さんがレムリアにいたころの記憶《きおく》でよく思い出す場面は二つあってね。一つは、天空《てんくう》から、少しでもみんなの傷《きず》が和《やわ》らぐようにバイブレーションの歌というかサウンドを送っていたような記憶《きおく》。もう一つは、地上でレムリア大陸が沈《しず》んでいくときに、海のところでみんなと最後まで手をつないでいっしょにいたような記憶《きおく》もなんとなくあるのね。レムリアが沈《しず》んでしまって、みんなどこに行ったのかな？

山のほうで暮《く》らしてたレムリア人はユニコーンとかに乗ってアトランティス大陸に移動《いどう》していったり。人魚のみーちゃんとか海で暮《く》らしていたレムリア人は、ピンクイルカさんたちといっしょに群れになって、アトランティス大陸のほうに向かった。あと地下都市《ちかとし》のテロスに逃《に》げた人もいる。

地球の地下には、テロスって地下都市《ちかとし》があると言われてるよね。それはやっぱり実《じつ》在《ざい》するの？

テロスはあるのよ。でも、それも異次元《いじげん》にあるから探しても見えないけど。今でも

生き延《の》びたレムリア人たちがテロスには存在しているのね。たとえば、アダマさんっていう人はアセンデッドマスターになってテロスの大神官《だいしんかん》をしているの。

そうなんだ。やっぱりテロスはあるのね。

ハワイ島にはレムリア時代、人魚が集まっていた場所が残っている

レムリアのあった場所が今で言うハワイになるの？

一部かな。レムリア大陸は大きかったから。レムリアのとき、今のハワイ島のある場所にすごい高い山があって、そこは今も残ってる。そばに人魚の集まっていた場所もあって、そこは沈《しず》んでないの。

すごいよね。それがいまだにあるって。

ハワイ島の先っぽのほうの島だよ。

カウアイ島とかのとなりのちっちゃな島かな。

無名のちっちゃな島。すごい大樹《たいじゅ》があって、レムリアのときは海の泡がその木にたくさんぶら下がってたの。それを人魚さんたちが貝殻《かいがら》さんに入れると真珠《しんじゅ》になる。その木はまだ残ってるよ。

その島が私たちが行ける場所かどうかはわからないけど、レムリア時代の記憶《きおく》がある人たちが、もしその無人島に行けたらすごく癒《い》やされるかもしれないよね。

そこ今、結構《けっこう》、荒れてると思うのね。整備《せいび》されてないから。でも、それこそ5次元《じげん》になったら大樹《たいじゅ》への道が元通《もとどお》りになるから。お花が周りに咲いてきれいな道になる。今はツルだらけでだれも歩けないけど。

5次元《じげん》って、じつは意外にもうすぐよね。

もうすぐです。でも、大きい地震、くるよ。レムリア大陸が再現《さいげん》されるときに、ゴゴゴゴーって。

それは日本に大きな地震が来るっていうことではなく？

なくて。大陸が作られるときにゆれるから。日本にもちょっと影《えい》響《きょう》があるかもしれない。

そうなんだ。すると、レムリアのあとのアトランティス大陸のあった場所は今でいうと、みーちゃん的にはどこだと思う？　アトランティス大陸は崩壊《ほうかい》したあとにレムリアみたいに保護《ほご》されてないの？

保護《ほご》されてない。崩壊《ほうかい》したとき、地面は砂みたいになって海底《かいてい》に広がっちゃったし、今の地球のこの

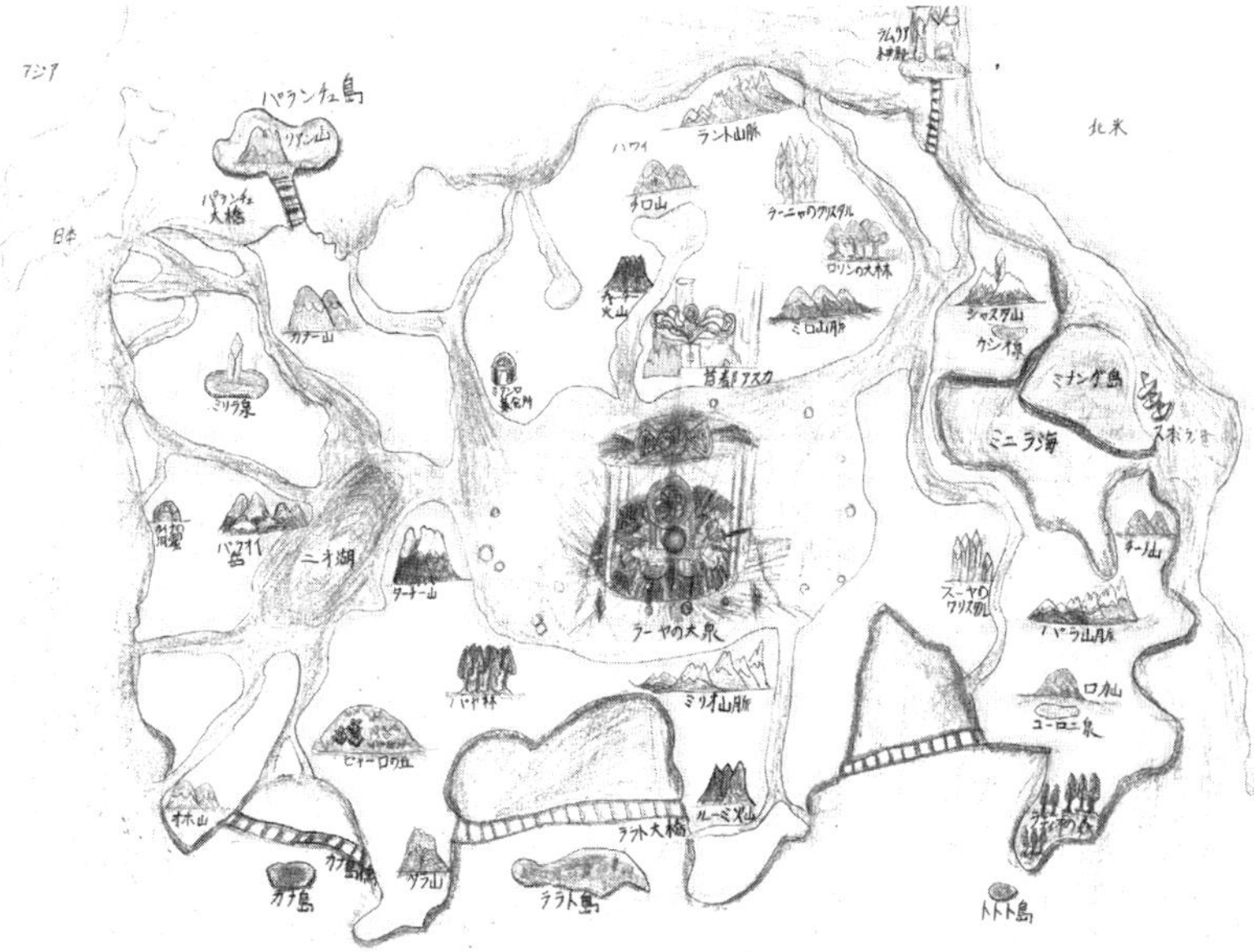

みーちゃんが描《えが》いたレムリア大陸の全体図。地球の5次元化《じげんか》が完成すると、レムリアのような愛《あい》と調和《ちょうわ》のエネルギーに満ちた世界が再現《さいげん》されるそう。

へん、っていうのもわからない。

そうなのね。みーちゃんの感覚《かんかく》でいいのだけど、「レムリアはこんな時代です」「アトランティスはこんな時代です」ってざっくりした印象はあるかしら?

レムリアは一言で言うと、調和《ちょうわ》で成り立っていた時代。アトランティスは陰《いん》と陽《よう》がはっきりしてる時代。

わかりやすいね。

レムリアのとき、人は心のままに直感《ちょっかん》で生きていたから自然とうまく調和《ちょうわ》できたの。でもアトランティスになってからは、直感《ちょっかん》より思考《しこう》を使いだして、人は自然を利用し始めちゃったから。

レムリアでは、ある意味、人は自然の一部みたいなかんじだったのね。

自然から生まれたってことを、決《けっ》して忘れずに生きてたのよ。

「神様」は、レムリア時代、特別な力を持つ「人間」だった

レムリア大陸で暮《く》らしていたときは、神様というのはどういう存在だったのかな？

今では瀬《せ》織《おり》津《つ》姫《ひめ》は完全に「神様」でしょ。でも、レムリアでは、人間だけど、ちょっと特別な力の持ち主とみんなとらえていて、そこを生かしてもらって共存《きょうぞん》していたかんじ。いろんな神様が人間だったのよ。

そうか。レムリアでは神様を特別扱いしたり、めちゃめちゃ高《たか》みに置いていたわけではないのね。

崇《あが》めるとかそういうのはなかった。木花咲耶《このはなさくや》姫《ひめ》さんは私のおばさんだったし。

みーちゃんのおばさんだったの、木花咲耶《このはなさくや》姫《ひめ》さんは！

レムリアのときの私のお母さんの妹だから。

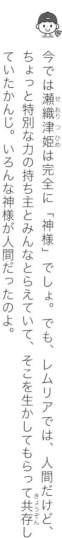

レムリア時代のみーちゃんのお母さんは、みーちゃんと同じ人魚さんだったんだよね。

そう。でも、妹の木花咲耶姫《このはなさくやひめ》さんは人間だったの。それで、おばさんが私に、人魚から人間になれるクリスタルをくれて。

面白《おもしろ》い！　それでそれで？

それ持って地上に上がると、足が生《は》えて人間になるけど、人魚になりたかったらもう1回握《にぎ》って、じゃぼんって海に入るともとにもどるの。

自由自在《じゆうじざい》なんだ。

あと、アフロディーテさんも人間だったけど神様と同じような能力《のうりょく》があったよ。

そうなのね。そうすると、みーちゃんが思う、神様ってどういう存在？

みーちゃんとしては、神様は、ある特定《とくてい》の分野に特化《とっか》した、現実化《げんじつか》の力になってくれる存在。たとえば、大黒天《だいこくてん》さん。福《ふく》に特化《とっか》していて、それを増《ふ》やしてくれる存在だから神様。

大黒天《だいこくてん》さんは神様なんだ、みーちゃん的に。

そう。レムリアじゃなくてお空にいたときのことだけど、私のお母さんは風の女神《めがみ》様で、大黒天《だいこくてん》さんはそのお兄ちゃんだったから、大黒天《だいこくてん》さんはみーちゃんのおじちゃんなの。

そうなのね。みんなが知っているような名前が付いている神様とは別に、宇宙の果てしないところに絶対的な神的存在がいるわけではないのね？

宇宙の源《みなもと》がすべてを生み出したでしょ。でも神様ではないから。それに、瀬織津姫《せおりつひめ》さんも、大黒天《だいこくてん》さんも、私たちだって源《みなもと》が生み出した同じ神意識《かみいしき》の存在だし。

そうだよね、みんな神様なんだよね。

アトランティス大陸に、無許可《むきょか》で侵入《しんにゅう》してきた火星人

レムリア人は、一人ずつ大事に守るものがあったのね。みーちゃんの場合、人魚として暮《く》らしていたけど、氷を守る氷の女神《めがみ》でもあったの。みーちゃんの今の肉体のお母さんも人魚さんだったけど、お花を守る花の女神《めがみ》だった。Chie《ちえ》さんは水を守ってた水の女神《めがみ》様だった。ただ、神様にも段階《だんかい》があったり、みーちゃんの場合で言えば、一人で氷を守っていたわけじゃなくて。たくさんの氷の女神《めがみ》様がいて、いっしょに守っていたというかんじ。

なるほどね。そういうシステムというか、考え方《かた》だったりは、アトランティス大陸には引き継《つ》がれなかったの？

そのときに大変なことになってしまったんですよ。

何が大変なことになったの？

アトランティス大陸には、レムリア大陸から逃《に》げてきたみーちゃんたちみたいなレムリア人もたくさんいたけれど、いろんな種族《しゅぞく》が宇宙から入ってきたから。

たとえばどんな人たち？

たとえば、ヘブライ人。ヘブライ人はすごい知恵があって徳《とく》を積《つ》む種族《しゅぞく》で、レムリア人と仲良くなれたかんじ。ちゃんと宇宙連合《うちゅうれんごう》というところから許可《きょか》をもらって降《お》りてきた宇宙人だったのね。でも、火星人たちは宇宙連合《うちゅうれんごう》に何も言わずに無断《むだん》で入ってきたんですよ。

無許可《むきょか》で？

そう。どうしてかっていうと、火星はもともとは地球と同じような環境《かんきょう》だったのね。でもあるとき火星の中で大爆発《だいばくはつ》が起きて、大気圏《たいきけん》が破れちゃって。空気がなくなってしまったからだれも住めなくなっちゃったの。だから自爆《じばく》して地球に逃げてきた火星人がいたの。

なるほど。

逃げられなかった火星人は、今も火星の地下にいるって言われてる。地球に無許可《むきょか》で入ってきた火星人は、逃《に》げるためもあったけど、地球の「金《きん》」も狙《ねら》ってたの。お金じゃなくて。

鉱物《こうぶつ》のゴールドね。

そう。金《きん》を奪《うば》うためでもあったの。あと、レムリア大陸が崩壊《ほうかい》するとき、レムリア人は天空族《てんくうぞく》から青い石をもらって体の中に宿《やど》していたのね。

その石にはどんな意味があるの？

宇宙の知恵や知識《ちしき》を降《お》ろしたクリスタルみたいな光のエネルギー体なの。火星人は、もしそれを使えたら、宇宙船《うちゅうせん》みたいなすごいものを造《つく》れるのを知ってて。

それも狙《ねら》われちゃったの？

そう。レムリア人を殺して、青い石を強奪《ごうだつ》しようとした。火星人って水が大の苦手

MEMO 青い石……宇宙の叡智《えいち》がつまった高い波動《はどう》を持つエネルギー体で、魂《たましい》のままに生きるよろこびで発光《はっこう》したりするの。

なのね。水には近よれないから、身を守るために人魚になれる人は水の中に家を建てて暮《く》らしたり、山に住んでいる人は、山奥《やまおく》の川や湖のほとりに家を建てて、水辺側に玄関を作って出入りしたりして自分たちを守ってたんだけど。結局、火星人の犠牲《ぎせい》になったレムリア人がたくさんいたの。

青い石って笑ったりうれしかったりすると光っちゃうのよ。そうすると、「ここにレムリア人がいる」って火星人が狙《ねら》ってくるから、できるだけ笑わないように、よろこばないようにしてた。

よろこぶと高い波動《はどう》になるからできるだけ無感動《むかんどう》なふりをしてたのね。わあーってよろこびに満《み》ちあふれそうになったら、抑《おさ》えるようなかんじ？

一切《いっさい》出さない。それでぐって抑《おさ》える癖《くせ》がついちゃった人が多いの。Chie《ちえ》さんがさっき、今の日本人はレムリアの魂《たましい》を持っている人が多いって言ってたでしょ。日本人が、あんまり感情《かんじょう》を表に出さなかったりするのは、たぶんそれ。レムリアの魂《たましい》を持つ人は、家ではキャッキャ言ってるんだけど、外に出ると、まじめな顔して、シーンって歩いてるの。

そういう日本人は確かに多そうね。本人はけっこう感情《かんじょう》を表現してるつもりだった

り、ほんとうはもっと出せるのにすごく遠慮《えんりょ》していたりね。

でも一番怖いのは、火星人。ほんとうの火星人はつり目で、すごく特徴があるんだけど、ふだん人間のふりしてるのね。それで、レムリア人を見つけると火星人の姿にもどって、ヤーッて襲《おそ》ってきたんだよ。

それは怖いね。

火星人はいつも無線機《むせんき》みたいなのを持って街を歩いてて。火星人の本拠地《ほんきょち》は真っ黒いドームみたいなところなんだけど、あちこちを監視《かんし》するテレビみたいなのがあって、レムリア人が今どこにいるか調べて無線機《むせんき》で知らせるの。「今ここにレムリア人がいるぞ、行け！」って。

そうやってレムリア人を捕《つか》まえに行ってたのね。火星人は、アトランティスの最後までずっと、そういうことをやってたの？

そう。

レムリア大陸ができるとき、サポートしてくれていた宇宙の星がたくさんいたよね、シリウスとか。そういうほかの星の人たちは、その様子をどうみてたのかな？

見てはいたけど、手を出せなかったの。宇宙のサイクルに逆らうことはできないから。特に、シリウスみたいに宇宙のしくみをよくわかっているような頭のいい星の人たちは、救《すく》いに行きたくても行けなかったみたい。

火星人の魂《たましい》を持つ人は、今もこの地球にいたりする？　もういない？

いる。火星人がお金を作ったんだもの。

そっか！　なるほど。

ピラミッド構造《こうぞう》を作って支配してる。

一部のほんとうに牛耳《ぎゅうじ》ってる人たちね。

見た目は私たちと同じ格好《かっこう》だから。

本人は、ふつうの人間だと思ってるんだね。特徴はあったりするのかな？

お金で支配《しはい》しようとする。

ある意味わかりやすいね。すごいヒント。

「お金がなくなったら、大変でしょ」みたいに言って恐怖《きょうふ》を煽《あお》ったり、そこにしがみつくしかないような思考《しこう》にさせたり。

なるほどね。お金や権力《けんりょく》をふりかざす人なのね。そういう火星人みたいな人、まだ結構《けっこう》いる気がするね。

そういう人は、法則《ほうそく》とか常識《じょうしき》とか大好きなんだよね。「努力しないといいことは起きない」とか、「がんばらないと幸せになれない」とか。

まさに昭和だ！　みーちゃんは知らないかもしれないけど、ちょっと前まで、日本人のほとんどがそういう考えだったのよ。物質的《ぶっしつてき》なことにすごいとらわれていたし。

わかる。「こうしたらこうなる」とか、決めつけが多くて。その通《とお》りになったら、「ほらね」ってやるんだよ。

結局、彼らがほしいのは力なんじゃない？　人でもなんでもコントロールするための力。

そう。力でねじ伏《ふ》せようとするから。レムリア人もね、とっても輝《かがや》いていたんだけど、ねじ伏《ふ》せられていったの。

そういう存在は、アトランティスで神官《しんかん》とかに入り込《こ》んだりはしていた？

入り込《こ》めなかったよ。それは、どんなに火星人ががんばっても無理だった。神官《しんかん》になるような人の波動《はどう》は高すぎて近よれなかったの。

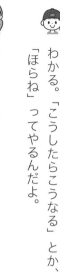

「共生《きょうせい》」から「支配《しはい》」への変化が アトランティス崩壊《ほうかい》のきっかけに

アトランティス大陸も宇宙のサイクルで崩壊《ほうかい》したと思う？　それとも、ほかに原因があったのかな？

原因があります。結局、火星人はレムリア人から青い石を結構奪《けっこううば》ったの。それで核《かく》爆弾《ばくだん》みたいのを作って。でも失敗しちゃって地球のどこかにヒビが入っちゃったのね。そこからグレイ種っていう波動《はどう》の低い種族《しゅぞく》が入ってきたの。でもすぐに火星人に捕《つか》まって、グレイ種は頭に、「火星人は神。自分たちはそれに従う」ってチップを埋《う》め込《こ》まれて。

奴隷化《どれいか》されちゃったの？　グレイ種というのは、地球外生命体《ちきゅうがいせいめいたい》？

そう。グレイ種は火星人に利用されて、あやつり人形みたいになっちゃったの。

結局地球に入ったヒビが、アトランティス大陸崩壊《ほうかい》のきっかけになったの？

一つは、そう。それでゴゴゴゴーって地割《じわ》れして。あともう一つ説があるの。レムリア大陸では、人は自然と共生《きょうせい》していたでしょ。でもアトランティス大陸では火星人の影響《えいきょう》かもしれないけど、人は自然を支配《しはい》し始めた。すべてに対して直感《ちょっかん》より思《し》考《こう》を使う方向に変わっていったし。共生《きょうせい》ができなくなったから崩壊《ほうかい》したという説もある。両方かもしれないけど。

アトランティス大陸の最後はどんなかんじだったのかな？　覚えてる？

海とか地下に沈《しず》んでいった人たちと、空に吸い込《こ》まれるように上に上がっていった人たちがいた。

その上に行った人たちは、そこから別の場所に行ったのかな？　たとえば、エジプトとか。ほら、ピラミッドは地球外生命体《ちきゅうがいせいめいたい》がパッと造《つく》った説とか、当時の人間は身長が私たちの倍以上ある巨人《きょじん》でその人たちが造《つく》った説とか、いろいろあるでしょ？

アトランティスからみんながそれぞれどこにいったかは、あんまり知らなくて。お

空に還《かえ》った魂《たましい》もいたと思うし、ほかの文明《ぶんめい》に生まれ変わった魂《たましい》もいたと思うけど。
みーちゃん的には、ピラミッドはレムリアの魂《たましい》を持った人が関わったのかなって。
レムリア人は物を浮かせたりすることができたのね。そうやって組み立てることができないと、あんな精密《せいみつ》に造《つく》れないと思うんだよね。だって隙間《すきま》一つないじゃない。
あと、ヘブライ人も器用だったからありえるかも。

そうやって高度な叡智《えいち》を受け継《つ》いだ魂《たましい》を持つ人が生まれ変わって造《つく》り方《かた》を指示したり、教えたのかもね。

レムリア人のお祭りや暮《く》らしはこんなかんじだった！

レムリア人の暮《く》らしを教えてもらえる？　彼らはどんなものを食べてたんだろう？

まず、お肉とかお魚とかは食べなくて。

お肉もお魚も食べなかったんだ？　狩りとかしなかったの？

レムリアでは、動物を絶対に傷《きず》つけなかったのね。動物の女神《めがみ》様や神様とか、魚とかも含《ふく》めて動物たちを守るお役目の存在がたくさんいたの。だれかが動物を傷《きず》つけたときに、動物を守ってる人たちがもうギャン泣きして、絶対にそれはダメって。
だから絶対に動物を傷《きず》つけない種族《しゅぞく》だったの。

だからお肉も食べないし、お魚も食べないのね。

そう。それにライオンさんとかも肉食《にくしょく》じゃなかった。

レムリア時代のライオンは草食《そうしょく》だったの!? 今のライオンとは見かけもちがう?

レムリア時代のライオンたちは、ほとんど白くて。白いライオン。あと、チーターとかもいたけど、チーターたちも肉食《にくしょく》じゃなくて。それに白かった。フクロウも白かったよ。
鷹《たか》とか鷲《わし》もいたけど、人を傷《きず》つけるとか動物を襲《おそ》うようなことはしなかった。サメもいたけど、人も魚も食べない。今、私たちが肉食《にくしょく》だと思ってる生き物はみんな肉食じゃなかったの。

それまたびっくりだな。となると、当然、人間も動物も、互《たが》いに恐怖感《きょうふかん》がないだろうし、ほんとうにみんなが調和《ちょうわ》でつながっている時代だったんだね。だとすると、レムリア人は、主《おも》にお野菜や果物を食べてたの？

基本的に。あとナッツとかも食べてたかな。そのくらいの食べ物だったので波動《はどう》が乱れにくかった。

そういうフルーツや野菜やナッツは、一日何食ぐらい食べてたの？

基本的には、朝と夜、一日2食で。わかめとか海藻《かいそう》のスープと、お野菜と果物とナッツ。あと、ウメをたくさん取って、ヤシの木の葉っぱに包《つつ》んで発酵《はっこう》させたものを毎食1個ずつ食べて。お昼はレムリア人はみんなで果物とか取りにいってるから。そのときに、お菓子代《かしが》わりに果物ちょっと食べたり、ナッツつまむくらい。それで大丈夫だった。

すっごいヘルシーで病気にもならないかんじがするね。

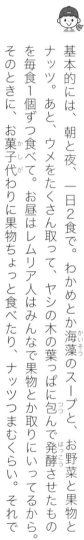

みーちゃんがレムリア時代に仲良くしていたユニコーン（下）。別時代ではあるけれど伝説《でんせつ》のペガサスにみーちゃんは乗っていたこともあるそう（左）。

もともとウイルスとかは波動《はどう》が低いから。レムリア人は波動《はどう》が高かったから病気になりようがなかったのね。

レムリア時代は、病気というもの自体、存在してなかったんだ。

満月の日は「楽しむ」ために
みんなが神殿《しんでん》に集まってパーティー

レムリアでは、「特別なごちそうを食べる日」みたいなのはあった？

お祭りのときだけ出る飲み物と食べ物があったよ。飲み物はその時期に実《みの》る果物をたくさん取ってきて、大きな樽《たる》にお水といっしょに入れて発酵《はっこう》させたのを飲むの。フルーツのお酒みたいなかんじ。

それが特別なときの飲み物なのね。そのお祭りは、どんなときに行《おこな》われたの？　定《てい》期的《きてき》にあったのかな？

毎月、満月の日にあったのね。神殿《しんでん》の前の広場みたいな開《ひら》けた場所にみんな集まるの。大きくて長いテーブルを用意して、イスを何個も何個も置いて、大きなお皿にたくさんの食べ物も置いて。それが特別な食べ物で、野菜と海藻《かいそう》を炒《いた》めて、刻《きざ》んだナッツをかけたのとか。

おいしそうね、ヘルシーで。

それはもうすっごくおいしいの。あとね、レムリアにはキュウリもあったのね。キュウリをコンコンコンって切ってすっごくちっちゃくして、ウメから出た液《えき》がすごくおいしいから、それに漬《つ》けておいたお漬物《つけもの》もあった。

そういう食べ物は、みんなだれでも食べられたの？

そう。テーブルの端《はし》の近くで、たき火を起こして、料理の得意な人が足りなくなった料理をすぐに作って出してとやってって。

「この日にお祭りしましょう」っていうのはだれが決めていたのかな？

レムリアには天体《てんたい》にくわしい人たちがたくさんいたから。その人たちが星の流れとかを見てこの日が満月だから、神殿《しんでん》でパーティーするよって。

そうなのね。パーティーには、どんな意図《いと》があったのかな？

調和《ちょうわ》の象徴《しょうちょう》だから。楽しいことって。月に1回レムリアの都市の全員で楽しいことをして、波動《はどう》を高くするかんじ。楽しい音楽を流して、おいしいごはんを作って食べて、というふうに。

すごーい。みんなで楽しむんだね。そこには言い争いだとか、互《たが》いの感情《かんじょう》がもつれるようなことも当然なかったってことだよね。

調和《ちょうわ》しかないのよ。

レムリア人は免疫《めんえき》が高く、すり傷《きず》は一晩《ひとばん》で元通《もとどお》りに回復《かいふく》

みーちゃんは、レムリアのことを思い出して、なつかしいなとか、名残《なご》りがあるなって今かんじることはある？

ショウガが入ってる飲み物あるでしょ。そういうのレムリアにもあって。寒いところに行って帰ってきたら、すごい冷えてるから、それを飲んでたのね。

それってほら、さっきレムリアは病気がなかったって言ってたよね。だから寒いときにそういう温《あたた》まるものを飲んで、波動《はどう》を調整《ちょうせい》するかんじだったのかな？

ショウガの飲み物は、病気とあんまり関係なくて。ほんとうに体の浄化《じょうか》が必要なときは、頭が痛くなったり微熱《びねつ》が出たりしたの。でもそれが風邪《かぜ》という扱《あつか》いにはならなかった。
レムリアでよくあったのは、直感《ちょっかん》のレーダーがズレることが多かったりすると、「自分の本質《ほんしつ》からブレるよ、ブレるよ」ってサインとして微熱《びねつ》が出るから、波動《はどう》を

調整《ちょうせい》したりして。

なるほどね。ケガをしたりすることはなかったの？

すりむいたりしても、血が出なくて。すった瞬間《しゅんかん》に薄い膜《まく》みたいなのが張るのね。そこを自分でもいいし、エネルギーが強い人にさわってもらえばほとんど治る。でも直後《ちょくご》はまだ皮膚《ひふ》が薄《うす》いから、一日やわらかい葉っぱを巻いておくと、次の日は元《もと》通《どお》り。回復《かいふく》もほんとに早いの。レムリア人は免疫《めんえき》がすごい高いから。

亡《な》くなっても、魂《たましい》が肉体にもどってきて、みんなと交流できた

レムリア時代は、だれかが亡《な》くなったときはどういう弔《とむら》いの仕方《しかた》をしてたのかな？

レムリア人は基本的に何万年も生きるんだけど、亡《な》くなるときって自分でわかるのね。だからみんなに「バイバイ」って言ってシューってお空に上がっていくだけ。波動《はどう》が高かったから、お空に行ったとしても、地上のみんなと交流できるのわかっ

てるし。ある意味、ぜんぜん寂《さび》しくもないわけ。

お葬式《そうしき》のような儀式的《ぎしきてき》なものはないの？

お葬式《そうしき》はない。でも、体を残しておくと、たまにそこに帰ってくるのよ、その魂《たましい》が。

上に還《かえ》った魂《たましい》が？

お祭りのときとか、たまーに帰ってきて。それで、みんなで「お祭り行こうか！
1週間くらいこの肉体にいるよ」ってなったりするの。

楽しそう。分離《ぶんり》の意識《いしき》がないから、「死んじゃった。もう会えない」なんて思う人もいないし、魂《たましい》が肉体にもどるのも特別なことじゃなかったのね。

うん。いつものことだし、お空に還《かえ》った意識《いしき》ともいつでも交流できたからね。

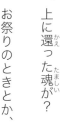

封印《ふういん》した青い石のエネルギーを解《と》き放《はな》って力を取りもどそう

私がレムリアを意識《いしき》し始めたのは、15年くらい前になります。だれかから教わったり本を読んだりしたのではなく、どこかで「レムリア」という言葉を耳にしたときに、「知っている」と直感的《ちょっかんてき》に理解《りかい》したのです。

みーちゃんのレムリアのお話は具体的で、とてもくわしいので、読んでいるうちに、自分の中に眠《ねむ》っていたレムリアの記憶《きおく》が呼び覚まされることがあったかもしれません。それを単なる妄想《もうそう》や空想《くうそう》と否定《ひてい》してしまうのはもったいないです。

レムリアの青い石のお話がありましたね。アトランティスに逃げたレムリア人は、みんな青い石と呼ばれる奇跡的《きせきてき》な能力《のうりょく》を秘《ひ》めたエネルギー体を体の中に宿《やど》していました。しかし、青い石はそのすさまじいパワーのために火星人に狙《ねら》われて、レムリア人は自分たちを守るために青い石を発光《はっこう》しないように自らの能力《のうりょく》を封印《ふういん》してしまったのです。簡単に言うと、レムリア人は魂《たましい》のよろこびに背《そむ》いて生きるという選《せん》択《たく》をしたのです。

そのために無意識《むいしき》のうちに、「幸せになってはいけない」「ほんとうの能力《のうりょく》を発揮《はっき》してはいけない」「目立ってはいけない」というふうに、自分の中にあらゆる制限《せいげん》をつくるようになってしまいました。

魂《たましい》にそのような記憶《きおく》がある限り、何度生まれ変わっても似たような体験をくり返してしまいがちなので、今回でそこは断《た》ち切ったほうがいいでしょう。

日本人には、レムリアの魂《たましい》を持つ人が多いと言われています。青い石の持つすばらしいエネルギーを受け継《つ》いでいる人がたくさんいるのです。

そろそろ私たちは、内包《ないほう》している青い石の封印《ふういん》を解《と》き放《はな》ってもよいころではないでしょうか。

地球とともに、次元上昇《じげんじょうしょう》していくと決めたら、もう恐《おそ》れる必要はありません。

レムリア時代に閉《と》ざした能力《のうりょく》や、愛《あい》と調和《ちょうわ》の力を取りもどして、あなたの青い石を思うぞんぶんに輝《かがや》かせていきましょう。

5話

天国に還《かえ》った動物たちのお話

飼《か》い主《ぬし》を忘れるペットはいない

私たちは人だけではなくて、ペットとも家族同然に暮《く》らしてるよね。愛《あい》するペットはお空に還《かえ》るとどうしてるのかな？

動物は亡《な》くなると虹《にじ》の橋を渡《わた》って、動物の国というところに行くの。そこには、動物の女神《めがみ》様がいるから。その人に、ペットが生まれてくるときに渡《わた》されるコードを見せるのね。

コード？

コードを見せると、動物の国に入れて、それぞれの動物の位置にいけるから。

位置というのは？

生活するところ。動物の国は真ん丸で。一番中心に、神殿《しんでん》があって、それを囲うようにライオンが住んでいるところがあって、ライオンがごはんを食べたり寝《ね》たりしてる。その周りに草食動物《そうしょくどうぶつ》の場所がぐるってあるの。

肉食動物《にくしょくどうぶつ》と草食動物《そうしょくどうぶつ》の居場所が分かれてるのかな？

そう。草食動物《そうしょくどうぶつ》の周りは、半分がネコ、もう半分がヘビとカエル。

ネコとイヌじゃなくて、ヘビとカエル？

そう。その周りがイヌと、トリとウサギがいっしょで半分ずつ。その外側の一番大きな円のところに交流所《こうりゅうじょ》があって。

交流所《こうりゅうじょ》では、いろんな種類の動物たちが、自由に会える？

昼間とか、肉食動物《にくしょくどうぶつ》も、草食動物《そうしょくどうぶつ》もぜーんぶ、そこで遊んでる。交流所《こうりゅうじょ》にも何軒《けん》かマンションみたいなおうちがあって、そこには動物と遊んだり面倒《めんどう》をみてくれたりする存在が住んでいてお昼に出てくるの。

向こうでも、動物のお世話をしてくれる存在がちゃんといるんだ。

交流所《こうりゅうじょ》に動物が入るときは、入り口にでっかーい金色《きんいろ》の門があって、そこには、いつも一番上の動物の女神様《めがみ》がいて、レジでバーコードを読むやつみたいなので、動物にピピってやって、「どうぞ」って。

面白《おもしろ》いね。お空に還《かえ》った動物たちは、飼《か》い主《ぬし》さんのことを思い出すようなことはある？

忘れない、絶対に。なんかねえ、動物って頭で考えないけど、魂《たましい》はちゃんとメモみたいなの書いてる

亡《な》くなった動物は、虹《にじ》の橋を渡《わた》ってお空にある「動物の世界」に還《かえ》り、魂《たましい》を癒《い》やします。動物たちは、1頭ずつ大きなおうちで暮らしているのだそう。

の。生まれた瞬間《しゅんかん》から、一日1ページぐらいバーって書いて。何回も生まれ変わっている子もいるけど、そういう子は分厚《ぶあつ》いメモの本みたいなのを何冊も持ってたり。そこに生まれた場所とか、性別《せいべつ》とか性格とか飼《か》い主《ぬし》さんとかも書かれてて、おうちの棚《たな》に置いてあるんだけど。

動物たちには、おうちがあるの？

それぞれ1頭ずつ持ってるのよ。小屋みたいなのじゃなくて、私たちのおうちみたいな大きいの。

たとえば、地上で何匹もいっしょに暮《く》らしていたりすると、向こうでもいっしょにいたりするのかしら？

動物にも魂《たましい》の家族があるから。その魂《たましい》の家族、ソウルファミリーだったら、お空でも同じ家に住んでる。

そのソウルファミリーが変わることはないの？

変わらないよ。

人間の魂《たましい》も、ソウルファミリーはいっしょの時期に転生《てんせい》をくり返していると聞いたりするけど、似てるのね。

野生動物たちは女神《めがみ》様に弱肉強食《じゃくにくきょうしょく》の記憶《きおく》をヒーリングしてもらう

なんでライオンが神殿《しんでん》の周りにいるかっていうと、ライオンって基本的に人に飼《か》われないでしょ？

確かに。

ライオンだけじゃなくて、サバンナとかにいるような動物は、基本的に神殿《しんでん》の周りにいるのね。それは、人にあやされたことがない動物たちだから、女神《めがみ》様に癒《い》やしてもらわないといけないから、神殿《しんでん》の一番近くにいるの。

人間と暮《く》らしていた動物たちと、それこそ野生で暮《く》らしていた動物たちは交流するの？

居場所はいっしょだから。ただ、体験がちがうでしょ。イヌとかネコとかペットだった子は動物の国に入ったらすぐに遊び出すけど、ライオンとかシマウマとか野生にいた子たちはそれができないから、一旦《いったん》女神《めがみ》様にヒーリングしてもらわないといけないの。

女神《めがみ》様に1頭1頭、なでなでして癒《い》やしてもらいながら、「もう大丈夫だよ。のびのび遊んでいいんだよ」って解放《かいほう》してあげる。シマウマなんか特にそう。シマウマはライオンがとなりにいるとやっぱり怖がっちゃう。「わあ食べられちゃう」って。

そういう弱肉強食《じゃくにくきょうしょく》の記憶《きおく》を癒《い》やしてあげるのね。

そう。動物の国では、ライオンとか肉食動物《にくしょくどうぶつ》が地上で持ってる野生の本能を一旦《いったん》消すのね。「もう狩りをする必要はないよ、大丈夫だよ」って。そうやって、交流《こうりゅう》所《じょ》に行っても調和《ちょうわ》ができるようにするの。

人間の食糧《しょくりょう》になるために生まれてくる牛さんや豚《ぶた》さんがいるでしょう。そういう子たちも動物の国にいるの？

いる。そういう子たちも、動物の国でブループリントを書いてから生まれてくるのね。自分からその体験を望んで生まれてくるの。

ということは、今回は人間に食べられるという体験をしていても、その前はネコで飼《か》い主《ぬし》さんにかわいがられていたケースもあるの？

ある。あとね、前は肉食動物《にくしょくどうぶつ》だったケースもあって、狩りをして動物を食べていた側だから、反対に食べられる側を体験してみたいとか。畜産動物《ちくさんどうぶつ》は特にそれが多いかな。その体験をくり返して、どんどんどんどん魂《たましい》の純度《じゅんど》を上げていってるの。

そうなのね。ほかの種類の動物に生まれ変わることは割《わり》と多いの？

イヌだったらずっとイヌだけとか、ネコだったらずっとネコだけとか、形を変えたくないっていうのかな、こだわりのある意識《いしき》の子もたくさんいるんだけど。

動物は飼《か》い主《ぬし》にかわいがられた記憶《きおく》を失ってまで人間になりたくない

たとえば、ずーっとイヌをやってきたから、人間になりますということはある？

それはねえ、ごくたまーにあるけど、動物から人間とか。

レアケースなんだ。

すっごいレア。そういうときは、動物は、1回源《みなもと》に還《かえ》って、源《みなもと》から人間の天使になって、天使から人間にならないといけないの。源《みなもと》から分かれるときに、動物の天使と人間の天使に分かれるから。すごいいろいろ手順を踏《ふ》むのよ。申請書《しんせいしょ》みたいなのを出してそれが通《とお》らないといけないし。

申請書《しんせいしょ》？

「なんで人間になりたいか」という理由をたくさん書いた論文《ろんぶん》みたいもの。やっぱ

り特殊《とくしゅ》なことだから。それもただ書いただけじゃダメで納得《なっとく》いくものでないと。だから、希望すればみんなができることじゃないし、出せば通《とお》るとは限らなくて。

人間から動物になりたい場合も、その逆バージョンの手順を踏《ふ》むの？

ん〜、人間から動物……あるかなぁ？　動物から人間のほうが稀《まれ》は稀《まれ》だけど多い。動物から人間になるときに、たくさん書いてきた何冊もある本は、ぜんぶ1回消えちゃうのね。ほとんどの動物の意識《いしき》が人間にならないのは、その記憶《きおく》を消したくないから。ほとんどの動物は飼《か》い主《ぬし》さんに大事にしてもらったから、それを忘れたくないのよ。だから絶対に人間とかほかの意識《いしき》にはなりたくないって言ってたりもするの。

お空に還《かえ》った動物は寝《ね》ている飼《か》い主《ぬし》のもとへ遊びに来る

ペットロスになった人たちは、ペットを看取《みと》ったときのことを思い出して、「もっとこうすればよかった。ああすればよかった」って後悔《こうかい》したり、「今あの子どうし

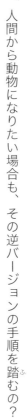

てるかな？」とずっと思ってたりするでしょう。それをお空から見ていて動物たちはどう思うのかな？

その子たちは、人が寝《ね》ているときによく遊びに来て、「おーい、気づいてよー」ってやってるのね。あと、夜でもたまに朝みたいに気分が軽いときとかあるでしょ？　あと、ちょっと元気でなかなか眠《ねむ》れないようなときにもそばに来てたりするのね。

こちらの波動《はどう》が高い状態《じょうたい》のときに、降《お》りてきやすいのかな？

そうそう。動物の国にいる子は、6次《じ》元《げん》とか7次《じ》元《げん》にいるんだけど、その次《じ》元《げん》には天使の国とか人間の意識《いしき》が行く

全然
気づかないね
会えなくて
さびしいよ
遊びに
来たよ!
うれしいわ

ところもあって。その二つはふだんは境界線《きょうかいせん》みたいな幕《まく》で分かれているんだけど、地上に遊びに行くときは、その境界線《きょうかいせん》がまず消えて行き来できるようになる。次に、お空にいる存在と地上にいる存在の間にある幕《まく》が消えるのね。それで亡《な》くなった動物は、飼《か》い主《ぬし》さんが飼《か》ってたときの姿になってまたスーっと降《お》りてくるの。

そこで飼《か》い主《ぬし》さんがめそめそしていると、降《お》りてきたことに気づけなかったりするのかな？

そう。飼《か》い主《ぬし》さんが泣いてて波動《はどう》が低いと、動物の波動《はどう》のほうが高いから会えなくなっちゃう。

そうだよね。みんな、向こうでも幸せだけど、ちゃんと降《お》りてきてくれているし、ほんとうは会えているのよね。

飼《か》い主《ぬし》さんが「会えてる」「来てくれた」とか思ってると、その子たちも「行っていいんだな」と思って定期的《ていきてき》に来てくれるようになるから。

ペットは自分のブレない軸《じく》のエネルギーを飼《か》い主《ぬし》のために渡《わた》している

そういう子たちは、飼《か》い主《ぬし》さんに会うだけじゃなくて、サポートしに来てたりもする？

するよ。動物って頭で考えないぶん周りを気にしないから、自分軸《じぶんじく》がすごい太くてブレないのね。そのエネルギーを渡《わた》してる。渡《わた》してもその動物からはそれは消えないから。たくさんたくさんエネルギーを渡《わた》して、「これでブレないでー」ってやってるの。
3次元《じげん》の人間ってさ、コミュニケーションをたっくさん学んで、人目を気にしたりするでしょ。だからどうしてもブレるんだよね。みーちゃんもそうだけど。人間の自分軸《じぶんじく》ってすごく細いの。頭に立ってるんだけど。

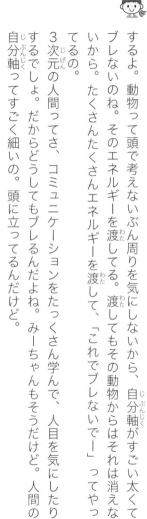

頭に立ってるの？

頭に軸《じく》の棒の先があって回りやすいのね。動物の軸《じく》はすごい太いし、ちゃんとくっついてるから、回そうと思っても回んないわけよ。だからそのエネルギーを少しでも飼《か》い主《ぬし》さんに、って渡《わた》してるのね。

愛《あい》だね。エネルギーはどんなふうに渡《わた》してくれるの？　そばに来てくれるだけで受け取れるのかな？

よく頭のてっぺんにくっつけていく。テープみたいのでベリベリベリってつけるの、軸《じく》が動かないように。だから次の日、そのへんがかゆくなるんだよ。

そうか。頭頂部《とうちょうぶ》がかゆいな、っていうときは来てくれたんだってわかるね。

そう、来てるんだよ。動物はすごい敏感《びんかん》だから、心配されると、動物のほうも飼《か》い主《ぬし》さんを心配しちゃう。心配するのが愛情《あいじょう》って思っている人もいるかもしれないけど、お空に還《かえ》った子は動物の国で楽しんでいるから、ほんとうは心配しないほうがそのペットのためになるんだよね。楽しんでるのに飼《か》い主《ぬし》さんの心配をかんじ取って、「どうしよう」ってなっちゃう子もいるし。

「新しい子を迎《むか》えたら、亡《な》くなった子がお空でやきもちやいちゃうから飼《か》えない」

とか心配する必要もないわね。

ぜんぜん、やきもちなんかやかないよ。飼《か》い主《ぬし》さんが、またペットをお迎《むか》えしようとすると、地上にいる亡《な》くなったペットの家族、ソウルファミリーが近くに行ったり、亡《な》くなった子の魂《たましい》がまたいっしょに暮《く》らしたいと思っていたら、もう1回生まれてくる可能性《かのうせい》もあるから。

動物たちも輪廻《りんね》や転生《てんせい》をくり返して、魂《たましい》を磨《みが》いている

みーちゃんが、お空に還《かえ》った動物の世界を教えてくれました。私は大昔に白昼夢《はくちゅうむ》のような形で、その景色の一部を見たことがあります。

ソファーに体を預《あず》けて、オットマンに足を乗せてまどろんでいると、たくさんの動物たちがお世話係の光の存在たちと楽しそうにしている世界が目の前に広がったのです。

それはみーちゃんが教えてくれたお空に還《かえ》った動物たちの世界にある交流所《こうりゅうじょ》だったのだと思います。

私は先住犬《せんじゅうけん》のキャラ（ラブラドールレトリバー）を見つけてそばにいきたいと思ったのですが、目には見えない、透明なバリアのようなものがあって、どんなにがんばっても、ある一定以上は近よれないことがわかりました。すぐそばにいるのに声も届かず触《ふ》れることもできない。ほかの動物たちも同様で、触《ふ》れられる距離《きょり》にいるのに、エネルギーで境界線《きょうかいせん》が張られているのをかんじました。

そのことにショックを受けて、ソファーに座り込《こ》んでいると、足の間に白と茶の模様があるロングコートチワワのような小さなワンちゃんがぴょんと乗ってきたのです。

この子もきっと、私が触《ふ》れようとしたらすぐに消えて向こうの世界にいってしまうんだろうと思いながらも、そっと手を伸ばしてみると、やわらかな毛並みに触《ふ》れることができました。「あなたは触《さわ》らせてくれるのね、ありがとう」。そう思った瞬《しゅん》間《かん》、目の前の映像はすべて消えてしまいました。しかし、なんと1年後、そのワンちゃんと出会ったのです！ それが、昨年16歳まで私のパートナーとして側にいてくれた、パピヨンのロアでした。

なぜわかったかと言えば、保護犬《ほごけん》だったロアを引き取りしばらくしたころ、私がオットマンに足を乗せてソファーに座っていると、足の間にぴょんと乗ってきて、その既視感《きしかん》のある光景に記憶《きおく》がまざまざとよみがえり、「あのときの子だったのね！」と気づいたのです。

ロアはチワワと同じくらい体が小さかったので、私はあのときはチワワとかんちがいしてしまったのですね。

また、ロアは、悪徳《あくとく》ブリーダーのもとで繁殖犬《はんしょくけん》としてずっと働かせられていた子で、処分《しょぶん》されるところを助けられた経緯《けいい》があるので、保護団体《ほごだんたい》さんがレスキューに向かったときは、かなり衰弱《すいじゃく》していて危ない状態《じょうたい》だったそうです。そしてレスキューされてからもなかなか引き取り手が見つからず、長い月日を経《へ》て私と出会ったのです。白昼夢《はくちゅうむ》の中で私の足にぴょんと乗ってきたのは、お空の動物の国に還《かえ》るか、まだこちらの世界にいるか、生死《せいし》をさまよっていた状況《じょうきょう》だったからかもしれません。

動物もいっしょに次元上昇《じげんじょうしょう》するタイミングにいる

その小さな体でどれほど繁殖《はんしょく》をくり返させられたのか。それを想像するだけでも胸が苦しくなりましたが、彼女の魂《たましい》のエネルギーを読み取ってみると、今世《こんせ》だけではなく、過去世《かこせい》においても、あるときは子ゾウを失ったお母さんゾウであったり、またあるときは、子ザルの亡骸《なきがら》を肌身離《はだみはな》さずに生きていたお母さんザルだったりと、母性に深い傷《きず》を負うような、壮絶《そうぜつ》な経験をくり返していることがわかりました。

私のもとに来てくれた以上、なんとかしてその悲《かな》しい輪廻《りんね》のパターンを完結《かんけつ》させて、新《あら》たなステージへ転生《てんせい》するためのサポートをしたい！　と強く思いました。

ロアは生まれてからの6年間、散歩に行ったこともなく小さな檻《おり》の中だけで暮《く》らし、人からの愛情《あいじょう》も知らず、最初はしっぽをふることもない子でした。

温《あたた》かい愛情《あいじょう》を思い出してもらうことが私の役目。そうかんじたので、とにかく彼女の存在を全肯定《ぜんこうてい》で受け入れて、愛《あい》のみを注《そそ》ぎ続けた10年間でした。

昨年、ロアは、老衰《ろうすい》でとてもおだやかな表情でお空に還《かえ》っていったのですが、別れ際《ぎわ》に「ママ、助けてくれてありがとう！」はっきりとそう言って還《かえ》っていきました。

彼女が言った「助けてくれて……」とは、引き取ってくれたことを意味しているのではなく、同じパターンばかりをくり返し続けて来た、「負《ふ》の輪廻《りんね》のうず」から、ついに解放《かいほう》された！　という意味でした。

みーちゃんも、お空に還《かえ》ったロアのエネルギーを読み取って、今は完全に輪廻《りんね》のパターンから抜けて、自由で軽《かろ》やかな魂《たましい》となっているのがわかったそう。「Chie《ちえ》さんにとっても感謝《かんしゃ》しているよ」と、教えてくれました。

動物たちも、私たち同様に魂《たましい》があり、輪廻《りんね》や転生《てんせい》をしてこの地球に来ています。

動物たちとの出会いも偶然《ぐうぜん》ではなく、人との出会いと同様に、ブループリントに刻《きざ》まれていて、互《たが》いに出会うとお空で約束したからこそ出会っているのです。

今この地球に存在するすべての生命《いのち》は、互《たが》いに魂《たましい》を磨《みが》き合いながら、いっしょに次元上昇《じげんじょうしょう》するタイミングにいます。

ペットの動物たちは、私たち飼《か》い主《ぬし》に無償《むしょう》の愛《あい》で、いつも癒《い》やしを与《あた》えてくれています。その高波動《こうはどう》のエネルギーにどれだけ助けられているでしょうか。

私たちが彼らにできることは、まずは自分が幸せでいること。おだやかに暮《く》らし、笑顔《えがお》でいることで、自《おの》ずと波動《はどう》は高く保たれます。それが、動物たちの幸せにもつながっていくのです。

6話

近《きん》未《み》来《らい》の地球のお話

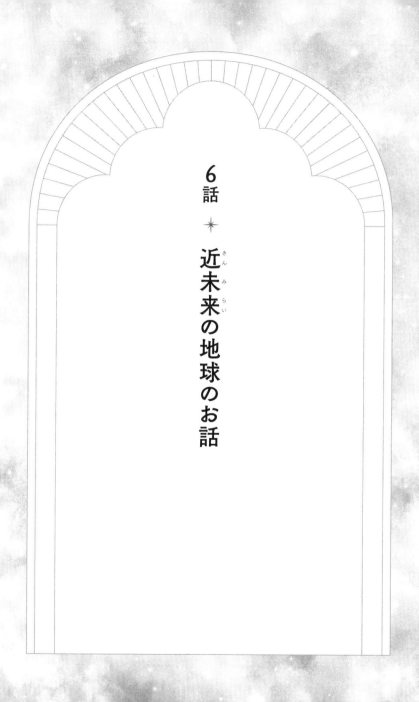

新生地球《しんせいちきゅう》は年を取らず、病気もない次元《じげん》

次元上昇《じげんじょうしょう》をして、地球が5次元《じげん》になじんでくると暮《く》らしはどんなふうになっていくのかな？

未来の地球についての夢《ゆめ》を見たのね。海があってそこに島があって。家もマンションというかホテルみたいにキレイで、家の中のベッドは酸素《さんそ》カプセルみたいなの。そこで寝《ね》ると年を取らないで、どんどん若返ってく。

へーすごいな。だれにとっても最高にうれしいね。それは特別な人だけが寝《ね》られるベッドなの？

みんな。自分の設定《せってい》した年齢で止まるようになるから。ハタチって設定《せってい》したら、そのままずーっとハタチのまま行く。

へえ。みんなホテルみたいなところで暮《く》らしていて、一軒家《いっけんや》じゃないの？

大きいビルみたいな建物《たてもの》で１００室ぐらいあるの。

食べ物とかもどんどん変わるのかな？

食べ物はレムリア時代と同じようになって、お野菜とか果物とか自然の恵《めぐ》みが中心で、お肉を食べなくなったり。

たぶん今みたいにしっかり食べなくてもよくなるんだろうね。

波動《はどう》が高くなってるし、満《み》たされているから。あと酸素《さんそ》カプセルでもある程度《ていど》、体に必要な栄養《えいよう》が吸収《きゅうしゅう》できるから。

車とか、交通手段《こうつうしゅだん》はどんなかんじになるのかな？

交通手段《こうつうしゅだん》は、管《くだ》みたいなのがあちこち通《とお》ってて、エレベーターみたいにシューって移動する。

筒《つつ》みたいな、パイプのようなものかな？

そうそう。マンションの出入り口がそれに乗る場所になってて、どこに行くか選択《せんたく》してシューって行く。お金の流通《りゅうつう》もなくなるから、ごはんを食べるときは物々交換《ぶつぶつこうかん》みたいになるの。

大昔、縄文《じょうもん》時代とかにもどるみたいだね。

そう。たとえば、フルーツを取ってきたら、料理が上手《じょうず》な人のところに行って「これを食材に使ってごはんいっしょに食べませんか」というふうにして、みんなでごはんを食べたり。

そうなると、自分が何かを得《え》るために、お金とか人に依存《いぞん》するようなことが完全になくなるね。自分の中にすでにあるものや、見出《みいだ》したりしたもので交換《こうかん》していけるから。

そう。自分が特化していることと交換《こうかん》することが多くて。たとえば私は、レムリアの時代は貝殻《かいがら》のイヤリングを作って果物と交換《こうかん》したりしてたから。それみたいなか

んじになるの。

種族《しゅぞく》や性差《せいさ》を超《こ》えたハイブリッドチルドレンが増《ふ》える

家族構成《かぞくこうせい》とか結婚《けっこん》の形も変わるの？

そういうのはなくなる。自分のツインレイとめぐり合って、子どもがほしかったら、貝殻《かいがら》みたいなカプセルにふたりでビビビビッてエネルギーを送ると、赤ちゃんができて、そこである程度《ていど》育って生まれてくることができるようになるから。

じゃあ、もう男女である必要もない？

同じ性別《せいべつ》でも大丈夫。

エネルギーとエネルギーの融合《ゆうごう》だから、それを何かに転写《てんしゃ》すると、化学反応《かがくはんのう》みたいなのを起こして子どもができるかんじ？

同性同士《どうせいどうし》でも、ほかの種族同士《しゅぞくどうし》のエネルギーだとしても、それでふつうに子どもの肉体ができるみたいなのね。それで、「そこに入りたい魂《たましい》さんはいますかー？」って募集《ぼしゅう》するの。

形が先なんだ！　いわゆる十月十日《とつきとうか》お母さんのおなかの中にいる必要はなくて、形は先にできて、それから希望する魂《たましい》が入って、子どもという生き物として生まれてくるのね。

そう。だから宇宙人とのハイブリッドでもぜんぜん大丈夫。

ほんと、レムリアの時代にもどるようなかんじね。だとすると、この先オープンコンタクトと呼ばれる状態《じょうたい》になっていて、宇宙人と人間のハイブリットも増《ふ》えるのかな？　今はまだまだほかの惑星《わくせい》と交流している人は、ごくわずかだけれど。

シリウスとか、ほかの星からもどんどん来るようになるよ。いろんな宇宙《うちゅう》種族《しゅぞく》が地球の人とお話ししたり遊んだりするようになる。通訳さんが必要な場合も、通訳をしたい人が自分から望んでやるのね。自分がやりたいことをやっていると、それが今でいう仕事になったりもするから。

みんながほんとうにしたいことをして、世の中が回っていくという、本来の健康的な形にもどるのね。今は仕事というと、第一に対価《たいか》、お金を得《え》るためとなってるけど。

そうそう。生きるためにお金を得《え》るふうじゃなくなるの。

そうなると、みんなの娯楽《ごらく》とか、楽しみとかはどんなことになるんだろう？

人によってちがうんだけど、たとえば、道とかにも自然がたくさんになるのね。道沿いにめっちゃ花壇《かだん》もあったりするから、植物を見ることが好きな人はそこでずっと絵を描《か》いたり。泳ぐことが好きな人は、イルカさんと泳いだりとか。お菓子作りが好きだったら果物とかから許可《きょか》をもらって、ケーキを作ったりしても大丈夫だし。

そうか。仕事と娯楽《ごらく》の差がなくなっていくのね。ということは、自分の私利《しり》私欲《しよく》のためにとか、自分さえよければという考えが強かったり、分け合う気持ちがないような人たちは、この先ちょっと生きづらくなるかしら。

調和《ちょうわ》できないと、これからの時代に合わなくなってくるから。

調和《ちょうわ》するには、どんなことを心がけておくといいかな？

自分の直感《ちょっかん》に従って生きていると自然と調和《ちょうわ》ができてくるの。なんでかって言うと、楽しいから。「楽しい」っていう波動《はどう》が一致《いっち》して調和《ちょうわ》してくる。レムリア時代と同じように。

ほんとにそうね。一見すると、酸素《さんそ》カプセルみたいなベッドに寝《ね》たり、パイプみたいなもので移動したり、ＳＦっぽいというか近未来的《きんみらいてき》だけど、暮《く》らしの根底《こんてい》にある心のやりとりだったりは、レムリアのような調和《ちょうわ》のエネルギーなのね。

そう。テクノロジーは発展《はってん》してるけど、根本的《こんぽんてき》なところは、やっぱり調和《ちょうわ》。みんなと調和《ちょうわ》して、共存《きょうぞん》していく世界にもどっていくの。

「波動《はどう》が高くなった地球」と「今のままの地球」に分かれる

「これからは二極化《にきょくか》が進みます」とか「多極化《たきょくか》になっていきます」というお話があるでしょう。そういうのは、みーちゃんはどう見てる？　たとえば、今お話ししてくれた未来は、バイブレーションがすごく高くて、調和《ちょうわ》ができる人だけが住むイメージかな？

まず地球は、波動《はどう》が上がった地球と、今のままの地球の二つになるかんじ。それから個々の島みたいになっていくの。わかりやすくと言うと、多極化《たきょくか》してどんどん広がっていく。それで、ある程度《ていど》波動《はどう》が一致《いっち》する人たちのグループが住むのが、この一つの島です、というふうになっていくから。

それぞれの地球の中で、波動《はどう》によっている場所がちがってくるのかな？　たとえば、波動《はどう》が上がった地球の中で、ものすごく高い波動《はどう》の人たちが集まる場所があったり、いくつかエネルギーの階層《かいそう》によって住み分けされるの？

そういうのも少しはあるけど、波動《はどう》の高い人同士は基本的に合うから、そんなにしっかり分かれたりはしなくていっしょにいる。ただ、ほんとうの意味で調和《ちょうわ》できる人だけが集まる場所もできたりするの。

なるほど。今は何人か人が集まったとき、ちょっとぐらい「えっ？」と違和感《いわかん》を覚えるようなことがあっても、7割方《がた》合ってるから、いいかって合わせちゃったりしがちよね。でも、もっとピタッと合う人同士が集まることができるようになるのね。

そう。鍵《かぎ》と鍵穴《かぎあな》みたいにカチャって合うのよ。

そういう世界が、もう間《ま》もなくやってくるんだよね。

地球が順調《じゅんちょう》に波動《はどう》を上げて次元上昇《じげんじょうしょう》すればだけど、10年後くらいには5次元《じげん》で安定してきて、2037、2038年ごろに地球を含《ふく》む宇宙レベルで大きなアセンションが起こると思う。でも私たちの意識《いしき》の中で、もうそういう気持ちになっちゃえばいいんだよ。もう「新生地球《しんせいちきゅう》」に住んでるんだよって思うと、とってもワクワクするから。

それ、とっても楽しいね。みーちゃんは絵をたくさん描《か》いてくれるでしょ？　未来の地球では、龍《りゅう》さんとかも、人間のそばでいっしょに暮《く》らすようになるんだね。

レムリアのときみたいにね。龍《りゅう》さん、天使さんとか宇宙人さんともオープンに交流するから。ほんとは今もどんどんきてるんだよ。

そうなのね！　いろんな存在と、どんどん活発《かっぱつ》にコミュニケーションを取れるようになるの、ますます楽しみだね。

レムリア時代には、レムリアレインボー龍《りゅう》がいて、人間のそばで暮らしていたそう。近未来《きんみらい》にはふたたび龍《りゅう》や宇宙人ともオープンな交流《こうりゅう》が始まるのだとか。

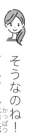

一人ひとりが自立《じりつ》して魂《たましい》を向上《こうじょう》させることが次元上昇《じげんじょうしょう》には不可欠《ふかけつ》

みーちゃんが、これから地球は、次元上昇《じげんじょうしょう》していく地球と、今のままの地球の二つに、まずは分かれるというお話をしてくれました。

それは、わかりやすく言うと地球が二極化《にきょくか》して波動《はどう》の高い世界と、波動《はどう》の低い世界になるとも言い換《か》えられるでしょう。

誤解《ごかい》しないでほしいのは、波動《はどう》の高い低いは、優劣《ゆうれつ》や良し悪《あ》しとは関係ないということです。波動《はどう》の合う者同士が同じグループとして集まり、ちがう人とは住む世界が分かれていくということになります。

もしあなたが波動《はどう》を上げて、軽《かろ》やかに生きていきたいと思うなら、もたれ合うような共依存《きょういぞん》の人間関係がある場合、解消《かいしょう》することを考えてみましょう。

共依存《きょういぞん》の関係とは、互《たが》いの境界線《きょうかいせん》が見えなくなっている状態《じょうたい》です。たとえば、過剰《かじょう》に相手の世話を焼いたり、相手に必要とされる状況《じょうきょう》を作り出す関係性を指《さ》します。

私は子どものころから、なぜか奉仕《ほうし》のようなことをするのが得意だったようで、他者のために自分のエネルギーを必要以上に使い、消耗《しょうもう》してしまうところがありました。たとえば、友だちに悩みごとを相談されると、その気持ちが手に取るようにわかってなんとか助けてあげたい、となるのです。それで無意識《いしき》に境界線《きょうかいせん》を越《こ》えてお世話してしまうことがありました。特定《とくてい》の相手と共依存《きょういぞん》に陥《おちい》ってしまうというよりも、次々に相談を持ちかけられて疲弊《ひへい》しても断《こと》われなかったのです。ただ、それに応《こた》えることは代わりに魂《たましい》の宿題をやってあげているようなもので、その人の成長の機会を奪《うば》い、結局自分のためにも相手のためにもならないと、あるとき気がつきました。

共依存《きょういぞん》は、親子関係でもよく見られますね。子どもがトラブルを抱《かか》えたりしたときに、親が話を聞いてあげたり、ヒントやアドバイスを送ってあげるまでは、いいと思います。しかし、親子であっても魂《たましい》は別々の学びを持って生まれてきています。境界線《きょうかいせん》を踏《ふ》み越《こ》えてまで親が考え、解決までもっていくような行為《こうい》は、子どもが自ら魂《たましい》を磨《みが》こうとする学びそのものを奪《うば》いかねません。

共依存《きょういぞん》は足の引っぱり合いをして次元上昇《じげんじょうしょう》を妨《さまた》げている

「私がやってあげなくちゃ」と心配したり、尽《つ》くしすぎたりするのは、相手を信頼《しんらい》していないことの裏返《うらがえ》しでもあります。反対に、「この人ならなんとかしてくれる」と自分で考えることを放棄《ほうき》して相手にすべてを委《ゆだ》ねることは、自分を信頼《しんらい》しておらず自分の人生を人任《ひとまか》せにしているようなものです。

そのような関係は知らず知らずのうちに、互《たが》いに相手を縛《しば》っているため、自由がなく重たい波動《はどう》で共鳴《きょうめい》し合っていると言えます。地球の波動《はどう》はどんどん軽くなる流れにあるのに、足の引っぱり合いをして、結局どちらも次元上昇《じげんじょうしょう》できなくなりかねません。

共依存《きょういぞん》の関係は、自分たちで気づかなければ、なかなか解消《かいしょう》できません。どちらかといえば、与《あた》える側のほうが、自分が消耗《しょうもう》していくので気づきやすいかもしれません。たとえば、「私にはつい口出ししたり、お世話してしまうところがあるな」と思う人は、一歩引いて、「あなたならできるよ」と愛《あい》と信頼《しんらい》で見守るように心がける。

反対に、頼りがちな人は、「私はいつも人に助けてもらおうとしてしまっているかも」と客観的《きゃっかんてき》に自分を見る。そこに気づくことができたら、ヒントをもらったとしても、すぐその通《とお》りにするのではなく、自分でまずは考えて、選択《せんたく》して行動できるようになっていくでしょう。

それぞれが自立《じりつ》して、自分の人生に集中していくことが、ともに次元上昇《じげんじょうしょう》していくことにつながるのです。

7話

「新生地球《しんせいちきゅう》」に向けて魂《たましい》の再会《さいかい》が次々に起こるお話

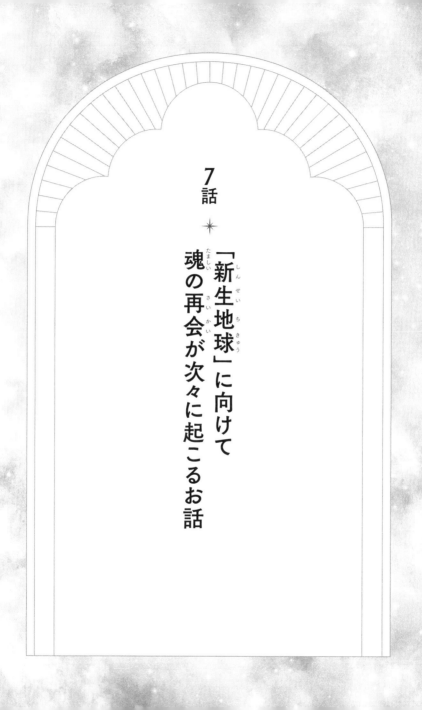

いっしょにアセンションすると約束していた仲間との再会《さいかい》が始まっている

私の個展《こてん》には、みーちゃんと同じように「地球を高次元《こうじげん》へと導《みちび》く」という目的を持ったレインボーチルドレンたちがなぜかたくさん集まってくれるのね。

今は魂《たましい》の仲間と会わざるを得《え》ないっていうか、魂《たましい》の仲間とのみ生活していくエネルギーの流れになってるから。自然に昔仲間だった人たちと出会っていくの。再会《さいかい》してるのよ。

それは、意図《いと》しなくても自然にそうなっていくもの？　「魂《たましい》の仲間と出会う」とか意図《いと》する必要はない？

「光の仲間たちといっしょに次元《じげん》を上げていく」って意図《いと》したら、来やすくはなる。

Chie《ちえ》さんとみーちゃんの出会いも、それこそ、レムリアのときもあれば、アンドロメダのどこかの星のときもあるって教えてくれたよね。何度も再会《さいかい》していたんだ

よね。

そう。Chie《ちえ》さんのワンちゃんたちは、レムリアのとき、Chie《ちえ》さんといっしょに暮《く》らしてたクジラさん。

そう教えてくれたよね。私が今いっしょに暮《く》らしているイヌのロアちゃん（2022年11月に他界《たかい》）と、先住犬《せんじゅうけん》のキャラちゃんはレムリアでクジラだったってね。

それで、みーちゃんはレムリアでは人魚さんだったんだけど、弟の名前がロアって言って。

それもびっくりしたよ。それを知らずにロアって名前をつけていたなんて！

動物も、種族《しゅぞく》はちがったりするかもだけど、ちゃんと会いに来てくれてるってこと。

何万年も前にした約束なのに、こうやってちゃんと出会えたものね。

動物も仲間と再会《さいかい》してアセンションするって決めている子たちがいるからなの。

それだけ今、地球は重要な転換期《てんかんき》で、大激動《だいげきどう》の時代だからこそ、再会《さいかい》していっしょに次元上昇《じげんじょうしょう》しようとする人や動物がたくさんいるってことだよね。

周《しゅう》波《は》数《すう》の高い光のような子どもたちが地上にたくさん降《お》りてきている

みーちゃんは、レムリア時代のお友だちにまた会ったりもしているんでしょう？

何人もいて。最初ね、その中の一人の子はぜんぜん話さない子だったの。今はめちゃめちゃ話してくれて、そしたらみーちゃんとその子のレムリアの記憶《きおく》が一致《いっち》したり。そういうことがたくさんあるの。同じ時代に同じときを生きてた。見てる場所も同じだし。そういう人たちと再会《さいかい》してるの。

みーちゃんはそのお友だちに初めて会ったとき、「あ、この子！　レムリアのときにも会った」って、パッとわかったの？

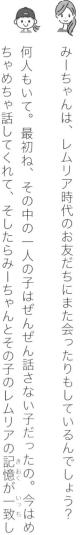

「この子、（レムリアでは）こうだったかも。やっぱり、あの子だ」ってだんだん思い出していったかんじ。その子はね、みーちゃんと会ったとき、「この子は地球のこととか、いろいろ読み取ってるんだなあ」ってわかったんだって。

でも黙《だま》っていたのね。

あんまり自分から話さない子だったから。今、周波数《しゅうはすう》の高い光のような子がたくさんいるでしょ。その子たちが、自分がふつうに見えたりかんじたりしていることを言って、周りの大人が「へんなこと言わないの」と止めたり、困った表情をしたりすると、「こういうことは言っちゃダメなんだ」って思って言わなくなったりするかも。

みーちゃんの場合は、すごくお母さんの理解《りかい》があって、ぜんぶ受け止めているからこうやって、のびのびとほんとうに思うようにお話ししてくれるでしょう？　中には、子どもが急に理解《りかい》できない話をし始めたって、病院に連れていってしまうお母さんもいるという話を聞いたこともあって。

昔のことを思い出してるときって、ほとんどの子はお空から持ってきた自分の（ブループリントの）本を頭の中で開いて、「じゃあ、この話をしよーかな」って話してるのね。で、「何この子？　おかしくなっちゃったの？」って病院に連れていかれて薬とか飲んだりすると、その本はダメになっちゃう。本を水にぬらしたら読めなくなっちゃうじゃない？　そういうかんじ。もう絶対読めない。だから、もしも1回でもそうなったら、絶対言えないし、言わないってなっちゃう。

大人は、「もともと周波数《しゅうはすう》がちがう子たちが、降《お》りてきてますよ」という認識《にんしき》がまず必要だよね。「えー何言ってるの？」って自分が理解《りかい》できないからといって、すぐにおかしいと決めつけるんじゃなくって。

「そうなんだね」って聞いてくれるだけでもいいのね。

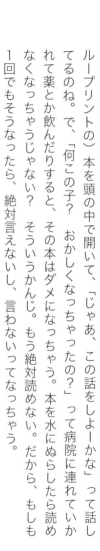

子どもの心を大切に、話に耳を傾《かたむ》けてあげることが大切

そういえば、すごい不思議《ふしぎ》なことがあったの。夢《ゆめ》ではなく、ふつうにしていたときなんだけど、バギーに乗った赤ちゃんをふと見たのね。そうしたら、その赤ちゃんの意識《いしき》がChie《ちえ》さんの頭にパーンって入ってきて、それが完全に大人なの。すっごいキレイな大人の女性だとわかってね。「みーちゃんとレムリアのときにすごく仲良くさせてもらいました」という話をしてくれたのよ。どんぐりみたいな木《き》の実《み》でネックレスをいっしょに作って遊んだりしたんですって。Chie《ちえ》さんにも会ったことがありますよって。そういう記憶《きおく》はある？

レムリアのとき、みーちゃんがリーダーで活動してたグループがあってね。その仲間かもしれない。よくどんぐりのネックレスの作り方《かた》とか教えてたし。

見た目は赤ちゃんなのに……。

ものすごーくしっかりしてる子でしょう？

そうなの！　すごくていねいに「ありがとうございます」ってお礼を言ったりして、Chie《ちえ》さん、もうびっくりしちゃって。

活動のグループは、氷グループと花グループと、自然の緑のグループと月のグループとかあったんだけど。多分、氷のグループのうちの一人だな。

やっぱりそうなんだ。今その子は、赤ちゃんだけど。みーちゃんともやっぱりつながりがある子が、来てくれたんだなと思ってうれしかったのね。

そういうふうに意識《いしき》で話しかけてくる子もいるんだよね。そういうときに、Chie《ちえ》さんみたく大人が受け入れてくれると、いろんなことをどんどん思い出していけるの。

みんなね、大人に最初に話すときって、覚悟《かくご》して言うのよ。ドキドキして。だから、「そうなんだね」とか「どうだったの？」とかふつうに聞いてくれたら、受け入れてくれたと思って安心するの。せっかく言ったのに、3次元的《じげんてき》な力で説《と》き伏《ふ》せようとされたりすると、せっかく光として生まれてきたのにさ、意味がなくなっちゃう。

閉じちゃうよね。

そう、閉じちゃう。ほんとに大事にしてほしいの。みんなガラス細工《ざいく》みたいに心が繊細《せんさい》なのね。話し始めたときに怒《おこ》られたり、「何？」ってけげんな顔をされたりすると、ピキッてヒビが入ってバラバラ割れちゃう、心が。それで「もう話さない」みたいになるから。

それって、たとえば両親に理解《りかい》がなくても、そばにいるおじいちゃん、おばあちゃんとか、親戚《しんせき》のおじさん、おばさんとか、幼稚園《ようちえん》の先生とか、その子の話を受け入れて理解《りかい》を示《しめ》せる大人が一人でもいるとちがうよね。

ほんとに、そうよ。

子どもたちは、地球を変えるためにやってきた

みーちゃんが言った通《とお》りだと、Chie《ちえ》さんもすごくかんじるわ。今の子どもたちは、デリケートな周波数《しゅうはすう》をまとっているから、大人が「どうせ子どもだから」とか、「子どもにわかりっこない」というような、昔、自分たちが受けていた対応と同じように接《せっ》するのは、もうちがうかなと思うのね。

子どもたちは、地球を変えるためにやってきたのに、それをされると、その役割《やくわり》がダメになっちゃうの。それがたくさん起こると、地球の次元《じげん》を上げるのも難《むずか》しくなっちゃうし。

ほんと、そうだよね。今、みーちゃんたちのようなレインボーチルドレンたちが、地球が次元上昇《じげんじょうしょう》する大事な時期にたくさん降《お》りてきてくれているでしょう。この先は、ハイブリッドチルドレンと言えばいいかな。たとえば、地球外生命体《ちきゅうがいせいめいたい》とふつうに交信《こうしん》できるような子どもたちもやってくる気がするの。どう思う?

Chie《ちえ》さんは先陣《せんじん》切《き》って地球に降《お》りて、地上の周波数《しゅうはすう》を整えていました。そのおかげもあって、今、みーちゃんのように地球の周波《しゅうは》数《すう》を上げるために来ている子がたくさんいます。

いきなりはやっぱり無理だから、そのために今すごく大事な役目があるっていうか。

Chie《ちえ》さんは、お空の天使の学校でみーちゃんたちの先生をしていて、みーちゃんたちが地上に降《お》りてくる前に、地球の周波数《しゅうはすう》をある程度《ていど》整えるために先陣切《せんじんき》って降《お》りてきたって、みーちゃんが、以前教えてくれたよね。それみたいに、みーちゃんたちも、その先の子たちのために今、地球をさらに整えているんだよね。

今、お空から大量の光がパーって降《ふ》り注《そそ》いでいて、ほんとうに地球の周波数《しゅうはすう》を上げるために来てる子たちも多いの。その中でも過去に光としていっしょに仲良くしてた子たちと再会《さいかい》することが、地球や自分の周波数《しゅうはすう》が上がっていくときには絶対かかせなくて。地球や自分たちの周波数《しゅうはすう》が上がることが、地球が整うことにもなるから。

そこには、「この人に昔ひどいことをしてしまったから、今回はお役に立って、過去のカルマを相殺《そうさい》する」という目的のための再会《さいかい》も含《ふく》まれる？　それとは別？

それは、再会《さいかい》というよりも、ただ単にカルマを外すためだけに会って、外したら「波動《はどう》がちがうから、じゃあね」って別れていくのね。
今起こっている魂《たましい》の再会《さいかい》は、過去にほんとうに仲良く暮《く》らしてた人たちとまた会って、そこで調和《ちょうわ》して楽しくやっていくの。

ぜんぜんちがうのね。私たちの一人ひとりが光の柱で。たとえ、それが細かったとしても、再会《さいかい》した魂《たましい》が集結《しゅうけつ》すると、愛《あい》と調和《ちょうわ》のエネルギーで、どーんと太い光の柱になったりするのかな。

細くても、それがあるとないとじゃ大きくちがうし、たくさんの光で地球の周波数《しゅうはすう》は上がっていくから。その途中で絶対に魂《たましい》の仲間と出会う。今がそのときで、みんな協力し合っていくの。

生まれてきた目的は「宇宙のため」という子どもたち

でも、みーちゃんの学校の友だちでも、この子は仲間かなって思う子とか、この子はちがう道の子かなとか、たくさんいて。子どもだからといって全員が地球の次元上《じげんじょう》昇《しょう》のために降《お》りてきたとか、波動《はどう》が高いわけじゃないのよ。でも今赤ちゃんの子は、波動《はどう》が高い子がすっごく多いと思う。

ちょっと前までは、生まれてきた第一の目的がお母さんや家族の幸せのためにという子たちが結構《けっこう》いたと思うのね。でも今は、それを踏《ふ》まえた上で、地球のためというところまで思っている子が多い気がするの。私の勝手な感覚《かんかく》なんだけど。

家族のため、お母さんのためが、宇宙のためにもつながっていくから。ステージアップするみたいなかんじ。まずはお母さん。次、家族。次、地球や宇宙みたいに、ダンダンダンダンダーンって上がっていくの。

そっか。こういった宇宙や地球のエネルギーの変化だったりを、みんなに伝える方《かた》たちは、「これからの時代はコミュニティが大事ですよ」と言ったりしているけれど、みーちゃんもそうかんじる？

いろんな形で伝えることが大事だから。その一つとして大事かも。

たとえば、Chie《ちえ》さんは、集団で行動したりするのがちょっと苦手なのね。ずっと一人で活動してきたし、これからどこかに属《ぞく》することも気乗《きの》りしないんだけど。ただ一人でいても、こうやってみーちゃんと出会えたりもして、そういう関係が自分にはちょうどいいかなと思うんだけど。そういうのでもいいのかな？

一人で光のことをして、周波数《しゅうはすう》を上げることをやってても、光は集団になるっていうか、集まってくるから、結局はみんなで上げる形になっていくの。集団でいなきゃいけないわけじゃないよ。自由にやってよくて、それが結果的にちゃんと調和《ちょうわ》になっていくみたいな。

目に見える形で、「私たちは、同じグループね」みたいな縛《しば》りとか、ないんだね。

ないない。物理的《ぶつりてき》に、いつもいっしょにいたりしなくてよくて。だけど同じような目的を持っていたりする人は、必要なときに自然に集まるかんじ。

魂《たましい》の約束があったりして、今再会《さいかい》している人たちがたくさんいるけれど、これからさらに再会《さいかい》する人たちが増《ふ》えて、地球の波動《はどう》も上がっていくことになるのね。

お金よりも、仲間と平和に暮《く》らす幸せや豊かさが大きくなる

これからは物質的《ぶっしってき》な幸せよりも、仲間と平和に暮《く》らす幸せのほうが、大きくなっていくから。精神的《せいしんてき》っていうか気持ち的な幸せのほうが強くなってくる。

お金こそが豊かさと刷《す》り込《こ》まれてきたけれど、今はほんとうに心と心で。心で通《つう》じ合える人に出会うと、その絆《きずな》だったりは目に見えないけれど、平穏《へいおん》で豊かな気持ちになるよね。

お金があっても、心が満《み》ちてなかったら、ぜんぜん満《み》ちないし。

そうかんじてる人は、もうたくさんいるよね。その考えがますます広まっていくんじゃないかな。

今、光の仲間に出会えてないなと思っても、いずれ会うことは絶対まちがいないと思うから。今は、まだ準備《じゅんび》が整ってないだけで。だから、そこは気にしないで。自

分で着々と波動《はどう》を上げていくと、どこかのタイミングでみんなと合流《ごうりゅう》するから。

自分のことだけ考えている。自分だけのことに取り組んでいて、みんなとか世の中とか地球とかのことを考えずにいると、どうなんだろう。今のお話からは、ちょっとちがう路線《ろせん》になっちゃうかしら？

自分、自分っていうのが、「自分だけ得《とく》すればいい」とか、「自分だけラクしたい」ということだったら、まったくちがう路線《ろせん》にいくよね。それはエゴだと思う。でも、自分はこんなふうに光を表現するというみたいに、一人でやっているのはいいと思う。

そうだよね。もし、自分が一生懸命《いっしょうけんめい》やっている取り組みがあるけれど、光が広がらないというか、魂《たましい》の再会《さいかい》とかんじる出会いも何もないなと思う人は、そこを1回ふり返ってみてもいいかもしれないね。

波動《はどう》の高い子どもたちとのつき合い方《かた》

私の個展《こてん》には、たくさんのレインボーチルドレンが集まってくれます。その子たちを見ていると、「レインボーチルドレンは、そうじて魂《たましい》の純度《じゅんど》が高く、お母さんや家族の魂《たましい》の成長を助けるために地球に降《お》りてきてくれたんだ」と、かんじることが多いです。

たとえば、小学校低学年のある男の子が、お母さんと夕方個展《こてん》に来てくれたことがありました。お母さんがおっしゃるに、「放課後《ほうかご》は塾《じゅく》があるから、今回はChie《ちえ》さんの絵画展《かいがてん》に行けないね」と言ったところ、「そんなことないでしょ。塾《じゅく》より大事なんだから。さあお母さん行くよ」と、うながされてやってきた、と。

なぜ印象に残っているかというと、まだ低学年なのに、一つひとつの絵をじつにていねいに長い時間、鑑賞《かんしょう》していたからです。「大人でもこんなにじっくり観《み》る人いるかしら」というほど、光の絵との対話を楽しんでいる様子でした。時折《ときおり》、私とお母さんのほうをチラッとふり返るのですが、そのとき、私は彼のエネルギーから、「お母さんと私を引き会わせて、ふたりきりにしたかった」と、彼が個展《こてん》に来たほんとうの目的がわかりました。

というのも、彼の精神《せいしん》は驚《おどろ》くほど老成《ろうせい》していて、お母さんを導《みちび》くようなエネルギーを持っていたからです。お母さんの波動《はどう》がそもそも低いわけではありませんが、私と会わせることで、彼の中でお母さんの中に新《あら》たな変容《へんよう》が起こるとかんじていたのかもしれません。

お母さんを助けるために降《お》りてきた赤ちゃん

赤ちゃんを抱《だ》っこして来てくださる方《かた》もたくさんいらっしゃいます。

ある赤ちゃんは、おばあちゃんとお母さんといっしょに来てくれたのですが、新《しん》幹線《かんせん》を乗り継《つ》いで、遠くからいらっしゃいました。その赤ちゃんがお母さんに抱《だ》っこされて会場に入ってくると、その意識《いしき》が私の中にパーンっと入ってきて、「私、お母さんを助けるために降《お》りてきたの！」と言うのです。見た目は赤ちゃんではありますが、意識《いしき》としてはすでに大人の女性でした。

話を聞くと、お父さんになるはずだった男性は、自分がこれから家庭を持って父親になる自信がどうしても持てないといって、結婚式直前に式場をキャンセル、婚《こん》約解消《やくかいしょう》となったそうです。シングルマザーとして自分を育てることを決めたお母さんの勇敢《ゆうかん》な魂《たましい》をサポートするために来たのだそうです。

利発《りはつ》でおしゃべりが上手《じょうず》な赤ちゃんで、「バウバウ。バウバウ」「そうだったのね」とふつうに大人が会話をするようなやりとりをしていたので、周りの人たちやお母さんは驚《おどろ》いてご覧《らん》になっていました。

ただ、その子のおばあちゃんはエネルギーに敏感《びんかん》な方《かた》のようで、いつもその赤ちゃんと会話していたのかもしれません。ほかにも赤ちゃんと意思疎通《いしそつう》ができる私のような人間がいることにホッとしている様子でした。もしかするとこのご家族は、赤ちゃんとおばあちゃんが、お母さんを助けて、ともに次元上昇《じげんじょうしょう》していこうとしているソウルファミリーなのかもしれませんね。

子どもたちのほうが、大人よりも波動《はどう》が高く、魂《たましい》も成長しているケースはほんとうに多いとかんじます。大人がダメということではなく、レインボーチルドレンたちは、そもそも地球の次元上昇《じげんじょうしょう》を助けるという大きな使命《しめい》のもと、各家庭に降《お》りてきています。そして、身近な家族を助けながら、いっしょに魂《たましい》の課題《かだい》をクリアし、地球の波動《はどう》を上げようとしているのです。

私が子どもの時分《じぶん》とは、異なる部分も多いかもしれませんが、世間の常識《じょうしき》と照らし合わせて子どもを否定的《ひていてき》に見るよりも、一人ひとりの人間として尊重《そんちょう》し、無条《むじょう》件《けん》で受け入れる、という肯定的《こうていてき》なまなざしで包《つつ》んであげることが大切だと思います。

8話

地球の大《だい》転《てん》換《かん》期《き》の今、伝えておきたい大事なお話

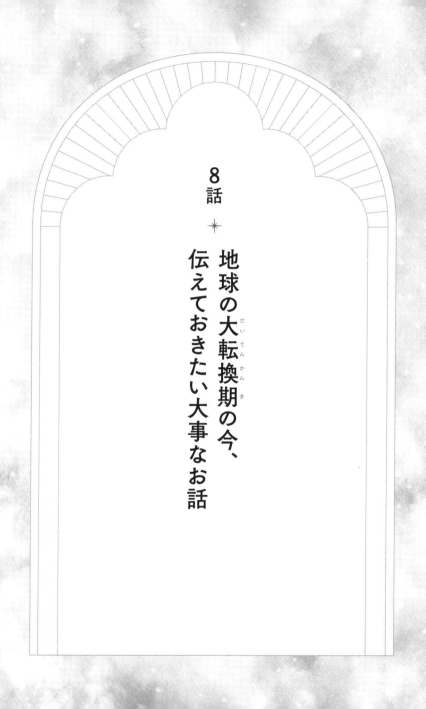

自分が持っている課題《かだい》を明《あき》らかにして、手放《てばな》すとき

Chie《ちえ》さんは最近、ものすごく世の中というか地球の変化がさらに加速《かそく》しているようにかんじてるんだけど、みーちゃん、どうかな？

そうだね。お菓子《かし》作《づく》りとかで、よりおいしくするために、小麦粉のダマをふるいにかけたりするでしょ。煮物《にもの》とかでもアク抜《ぬ》きしたり。そういうかんじで、自分にくっついてるいらないエネルギー、もう体験する必要のないものを、どんどんそぎ落としてる真っ最中。そのために、今まで気がつかなかったこととかが浮《う》き彫《ぼ》りになってくることがあるの。「自分ってこうだったのか」とか。

みーちゃんでもあるんだ。

あるある。みーちゃんは、今回でこそ、ちゃんとした肉体を持って、ふつうの学校に通《かよ》っててやってるけど、これは初めてなわけですよ。

人間やるのがね。

そう。こんな重い何十キロもある体を、一生懸命《いっしょうけんめい》動かして歩くみたいなことやったことなかったから。それで、学校とかで友だち関係とか、いろいろあるのを、魂《たましい》も根本的《こんぽんてき》に知らないのよ。

びっくりするような体験があったのかな？

お空って、ごちゃごちゃした関係なんてゼロ。一切《いっさい》ないよね。仲良しの意識《いしき》はいて、いっしょにいたり、話したりもするけど、今の地球特有《とくゆう》の、所有《しょゆう》って感覚《かんかく》とか、縛《しば》りみたいなのはないから。

Chie《ちえ》さんの時代なんかは、Chie《ちえ》さんはふつうにしているつもりでも、知らない間に「Chie《ちえ》ちゃんは私のグループだよね」とか言われて、別のグループの人と仲良く話したりすると、「え、なんで？」みたいなことがあったのよ。

それ、今もふつうにある。「あの子と仲良くしてたけど、なんで？」みたいな。みーちゃん、それを見て、口ぽっかり開けて、「は？」みたいな。びっくりした。

いまだにあるのね、そういうこと。みーちゃんは、そういうのが初体験だったんだね。

そう。たぶん一人の友だちを独《ひと》り占《じ》めしたいとか、所有《しょゆう》したいって子は、何かが足《た》りていないと思うのね。何かが不足しているから、他人に求めるの。「これちょうだい、あれちょうだい、私にちょうだい」って。みーちゃんよく絵を描《か》くでしょ？　だから、「絵を描《か》いて、私にちょうだい」とか言われて。ちょっと描《か》いてあげると、「もっともっと」ってどんどん入ってきたり。無限《むげん》に、「ほしい！　ほしい！　ほしい！」ってなっていくのが、理解《りかい》できなくて。

みーちゃん自身、エネルギーに敏感《びんかん》で、キャッチする力もすごくあるから、しんどくなっちゃうんじゃない？

たとえば、「絵を描《か》いて」って言われて描《か》いて渡《わた》すと、その子の上辺《うわべ》の表情だけじゃなくて奥《おく》のほうもわかっちゃう……。

それはちょっとキツイときあるよね。

いつもみーちゃん、そういうときは必ず、自分の中心に、「ブレないように」ってずっと言ってるのね。

影響《えいきょう》受けすぎないようにね。

そう。影響《えいきょう》を受けちゃうと、感情的《かんじょうてき》にゆらぐこともあるから。

大きな課題《かだい》をどんどん手放《てばな》して、ステージアップする

今、地球がどんどん変化しているから、もちろんみーちゃんだけではなくて、みんなに課題《かだい》というか、「なぜそういうことが起こるんだろう」って気づきをもたらすようなことが起きやすいのかな？

ここ3年くらい、地球の全体のエネルギーは、かきまぜられてるかんじで。さらにここに来てものすっごーく意識《いしき》のふるい分けのようなことが起きてるの。選別《せんべつ》され

ているというか。そのときに、自分が持ってる課題《かだい》、自分で決めた今世《こんせ》でおわらせるべきものが明るみに出るの、どんどん表に出て。それが今起きてるのよ。

そのためにものすごくキツイ状況《じょうきょう》を、今まで以上に体験している人もいるわけだよね。それって見方《みかた》によっては、一生懸命《いっしょうけんめい》自分の中をクリアリングしているつもりなのに、「なんでこんなとんでもない状況《じょうきょう》になるんだろう」って、不安に思ってる人もきっといるよね。

クリアリングしてるからこそ、どんどん、表の層《そう》から手放《てばな》すべきものが出てきているわけ。そもそもクリアリングをやってなければ今出てきてるものも見えてこないから。逆に「ええ！」とショックに思うようなことが立て続けに起きたときは、「あ、私それも手放《てばな》せるんだ」って思えば大丈夫だから。

浮上《ふじょう》したら、手放《てばな》すだけだもんね。そこで「ああ……」って、自ら落ち込《こ》む必要もないってことだよね。

そう。どんどん手放《てばな》しているからこそ、ここで大きな課題《かだい》がやってきただけ。どんどんクリアしていけば、ステージがアップしていけますよって段階《だんかい》なの。

私たちは光へ向かっていってるよ。最後まであきらめないで

Chie《ちえ》さんとみーちゃんのおしゃべりをYouTube《ユーチューブ》で聴《き》いてくださっている方《かた》の中には、みーちゃんは、きっと人間社会の悩みや課題《かだい》に取り組む必要はないんだろう、って思っている人もいる気がするの。

そんなことぜんぜんないよ。だって、みーちゃん大昔、アトランティス大陸が沈《しず》んでいくときに、仲間がもうたっくさん犠牲《ぎせい》になるのを見て、「どうして？」ってすごい怒《おこ》っちゃったわけ。その怒《いか》りを、手放《てばな》すときが来るまで、ずっと持ってたんだから。

怒《いか》りをずっと抱《かか》えてきたのね。

今その怒《いか》りを手放《てばな》すべきだから、どんどんそういう出来事が起きてるって思ってる。心の底にあったアトランティスで「どうして？」って怒《おこ》った感情《かんじょう》、どんどん出してるの。みーちゃんも「ワー」って泣いたりしてやってるのね。そういうふうにやっ

ていかないと取れないし。いつまでも持ってるわけにもいかないし。

自分のとらえ方《かた》一つということだよね。怒《いか》りとか、悲《かな》しみとか、憎《にく》しみとか、ネガティブな感情《かんじょう》を手放《てばな》したい、クリアリングしたいと思ったら、その感情《かんじょう》が出てきたとき、ずっと溜《た》め込《こ》んでいたのが出てきたんだな、って受け止めてあげるといいよね。怒《おこ》ったり泣いたりの感情《かんじょう》を出すことを我慢《がまん》することもなくて。感情《かんじょう》を出すことで手放《てばな》して先にいけるし。いつだって先にある光をしっかり見つめてほしい、ってChie《ちえ》さんは思うんだ。

そうそう。今起きてる出来事はぜんぶ、自分が目指してる光の方向に進む道の途中の1個だから。
現実《げんじつ》でさ、行きたい場所に行くときも、山道《やまみち》を登って、谷をくだって、草むらの中を歩いてって、するときもあるじゃない。そういうのをぜんぶクリアしてたどりつく。それと同じように、どんどん意識《いしき》は山を越《こ》えていってる最中なのよ。でも、たぶん最後のほうに来てると思うから。今、下山《げざん》しないでね。

あきらめないでってことだよね。「お山の頂上《ちょうじょう》を目指すぞ」って言って、最後のところまで来てるのに、「もうつかれたやめよう」ってもどっちゃったら、「ここまで、

なんのためにあなたは登ってきたんですか」っていう。

そうそう。最後まで懸命《けんめい》に歩いて、越《こ》えたら目的地について、「ヨッシャー！光を手に入れたぞ」ってなるから。

みんなきっと同じような思いをしてるよね。一人じゃない。みんなで取り組んでいることだから。最後はちょっとキツイかもしれないけど、もう少しだもんね。

そう！　最後まであきらめないでちょうだい。

自分軸《じぶんじく》から外れてしまったら、一人で落ち着く時間を持つ

時代が目まぐるしく変わっていてね、自分の考えがよくわからなくなってしまったり、わかっていながらもブレてしまったりする方《かた》も多いようなのね。そういうときはどうしたらいいかしら。

自分軸《じぶんじく》！　自分軸《じぶんじく》にもどしてください。

ちょっと前に、Chie《ちえ》さんがみーちゃんと会ったとき、ちょっといつものみーちゃんと感覚《かんかく》がちがう気がするって言ったことがあったよね。

それでみーちゃんは、自分で自分軸《じぶんじく》にスッてもどしたんだよね。学校とか、仕事とか、ふだんの生活でブレることってだれでも結構《けっこう》あるでしょ。怒《おこ》っちゃったり、モヤってしたり。そういうときって真ん中のほんとうの自分の視《し》点《てん》じゃなくて、ちょっとズレた視点《してん》から周りを見てるからおかしくなっちゃう。で、気づいたらすぐもどせばいいじゃない。でももどせないときあるでしょ？

そうなのよ。ズレてること自体は、自分の中でかんじられる人、多いと思うの。だけど、もどし方《かた》がわからないのよね。この前Chie《ちえ》さんがみーちゃんに伝えたみたいに、だれか仲間が気づいて本人に伝えてもどれるようなケースは少ない気もするし。

うん。それは結構《けっこう》ほんとうに難《むずか》しくて。よっぽどの信頼《しんらい》関係があって、ほんとうに波動《はどう》だったりがマッチしてないと、ちがうこと言われちゃって、よけいにブレちゃうケースもあるから。

そういうときは、どうやって自分軸《じぶんじく》にもどしたらいいだろう？

たとえば、学校とかで友だちと話してて、つい相手に入っちゃったようなときは、自分で落ち着く時間を作るの。だれとも話さないで絵を描《か》いたり、ゆっくり本読んだり。ずっとはしゃいだり、ハイになってるんじゃなくて。

少しクールダウンさせる時間を持つのね。

みーちゃんは、お空で氷の女神《めがみ》だったから、よく頭の上から氷の柱を自分の体の中にドーンと立てるイメージをして、どっちにもブレないようにしたり。

なるほど。みーちゃんがさっき言っていた、お友だちの中に入っちゃうというのは、どういうかんじ？　その人の感情《かんじょう》に共振《きょうしん》しやすいってこと？

共振《きょうしん》っていうか、なんていうのかな……。

汲《く》み取ってしまうの？

みーちゃんは上とつながってるから、汲《く》み取るだけならいいんだけど、どちらかというと同情《どうじょう》というか。

境界線《きょうかいせん》を越《こ》えてしまうかんじかな？

そう。たまにそれに気づかないで話してて、相手にどんどん入っているときがある。そういうときは一人になって落ち着いて自分軸《じぶんじく》にもどすの。

Chie《ちえ》さんもそういうのがあってね。面白《おもしろ》いなと思うのは、相手のエネルギーがそのまま自分に入っちゃって、口調《くちょう》や態度《たいど》がその人みたいなかんじになるとき、あるよね。

ある。言葉の癖《くせ》とか、ふだん自分はこんな言い方《かた》しないのに、何度も言ってるようなときは完全に入《はい》り込《こ》んでいて、自分がその情報というか、相手のエネルギーをまとっちゃってるから。

一歩引くのが大事だね。

客観的《きゃっかんてき》に見て、ズレてるなって思わないと。

そう。Chie《ちえ》さんはずっと光の絵を描《か》いてるわけだけど、光の絵を自分軸《じぶんじく》にもどるきっかけとして活用してもらえたらいいなと思ってるのね。ほんとうの自分と対話する時間を作るというか。

何も考えないで絵を描《か》いたり、見たりするのってすごく大事。

大きな木が自分をつらぬいている イメージをして自分軸《じぶんじく》を保《たも》つ

自分を取りもどす時間は大事だよね。でもそれが持てないぐらい忙《いそが》しくて、日々追われちゃってる人もたくさんいるでしょ。そういう人たちが、自分軸《じぶんじく》にもどるためのいい方法はあるかしら。

つねに大きな木が自分をつらぬいてる感覚《かんかく》でいればいいよ。そしたら倒《たお》れたりしないし。みーちゃんの場合、氷だけど。ある人は光かもしれないし、ある人は今言ったように木かもしれない。なんでもいいんだけど、真っすぐ立ってる太い柱みたいなものってあるでしょ。そういう動かないものを自分の上にドーンってかぶせるの。

天と地をつなぐようなね。

そう。つないでる柱みたいなのイメージして、自分の中にどーんと入れて、ハーって深呼吸《しんこきゅう》して自分の中になじませる。同一化《どういつか》させると、たぶん大丈夫。

自分軸《じぶんじく》の保《たも》ち方《かた》

心が落ち着かないときや、迷いが多いときは、自分軸《じぶんじく》にもどるように意識《いしき》しましょう。
自分の体の中心を大きくてどっしりした木がつらぬいて、天地と一直線につながっているイメージをします。体をつらぬくものは、光の柱や氷の柱など、自分がイメージしやすいものでかまいません。
深呼吸《しんこきゅう》を数回くり返すと、落ち着いてきます。

たとえば、イラっとしたとき、みんな「あー、またイラっとしちゃった」「またズレちゃった」みたいに反応するじゃない、思い癖《ぐせ》で。でもそれって癖《くせ》でしみこんでるものだからすぐに治らないでしょ。まずそういう思い癖《ぐせ》があることに気づくためにも、自分を俯瞰《ふかん》して見るって大事だと思うのね。あと、癖《くせ》だから何度も出てくるけど、自分を責めたり、ダメって思う必要はぜんぜんないし。

思い癖《ぐせ》が出てきたら、「出てきたなぁ」って思って、ほんとうにちょっとの時間でもいいから深呼吸《しんこきゅう》したりとかして。大きなケガしたら、元の歩ける状態《じょうたい》までにもどすには、リハビリがやっぱり大切でね。すぐに歩いてあそこまで行ってくださいって、言われてもやっぱりできなくて。その期間は人によって長かったり短かったりするし。

そうだよね。自分ではわかってるのに、すぐにできないからって、あせったりする必要もないと思うの。時間がかかったとしても、もどればいいんだから。

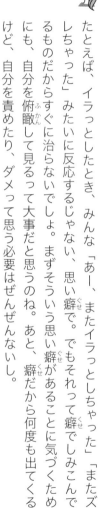

そうなのよ。またその思い癖《ぐせ》のところにいってるな、って思うだけでいい。

自分を責める必要はない。気づいて、自分の内側に柱を立てて、深呼吸《しんこきゅう》してもどる

ことを、くり返すだけというね。

やっていくといいと思う。

「頭ではわかってるけどできないんです」っていう人が、今多いようにChie《ちえ》さんはかんじてるのね。つねにいろいろ選択《せんたく》することを迫《せま》られて、そのたびに「どうしよう」ってブレることが多い気がして。

一日中ブレっぱなしだったなと思ったときは、寝《ね》る前に「私は寝《ね》ている間に軸《じく》をもどします」って言って寝《ね》ると朝にはもどってたりするよ。

それもいいね。みーちゃんは、自分でもやってたりする？

うん。できるだけ言葉に出したほうがよくて。ちっちゃい声でも。

寝《ね》ている間は、意識《いしき》は肉体を離れてお空に還《かえ》ったりしている時間だから。リセットしやすいよね。

自分を信頼《しんらい》することから始めましょう

今は、時代の過渡期《かとき》にあって、私たちそれぞれの魂《たましい》が持つ課題《かだい》をクリアするために、次々に問題があぶり出されている真っ最中です。

人によっては、頻繁《ひんぱん》に難題《なんだい》がふりかかって、暴風雨《ぼうふうう》の中を進んでいるような気持ちになる人もいるかもしれません。だからこそ、今回の自分軸《じぶんじく》を保《たも》つ方法を知ることは、ゆらぎやすくなっている心の支えになるのではないかと思っています。

私がかんじているのは、今こそ自分を信頼《しんらい》して、ほんとうに進みたい方向へと各々《おのおの》が進んでいくことが、地球の進化にも、自分の魂《たましい》の向上《こうじょう》にもつながっていくということです。

日々、さまざまにやるべきことがあって、仕方《しかた》なくやっていることもたくさんあるかもしれません。「もういや。やりたくない」と思うことがあるなら、いきなりゼロにはできなくても、少しずつ外《はず》していきましょう。

「やらないといけないから」といやなことを惰性《だせい》で続ける限り、同じ状況《じょうきょう》は永遠に続いていきます。

何かをする前に、それがほんとうに自分にとってしっくりくるものかどうか。「自分はどう思っているのか」を確認《かくにん》して、気持ちがよくわからないときは、「いやだと思うこと」を紙に書き出して俯瞰《ふかん》してみるとよいでしょう。

たとえば、ママ友とお迎《むか》えの時間までお茶することを苦痛《くつう》に思っているとします。でも断ったら嫌われるかもしれない。でも行きたくないのが本音なら、「3回に1回は断る」と具体的に距離《きょり》を置いてみたり、「どこに苦痛《くつう》をかんじているのか」を自分にちゃんと聞いてみたりします。もし愚痴《ぐち》が多いことを苦痛《くつう》に思っているのだとしたら、自分が話題を提供《ていきょう》することで、意外に楽しい時間をすごせるようになるかもしれません。

小さな行動を起こしたら、自分をたくさん褒《ほ》めてあげよう

そうやって小さな行動を起こして自分を変えていったら、「ちゃんとできたね」

と自分をたくさん褒《ほ》めてあげてくださいね。

このような自分の心との取り組みは、自分しか知らないこと。ほかのだれかが気づいて褒《ほ》めてくれることはありません。自分が自分のために不要なものを手放《てばな》していると、ちゃんと認めてあげることが自己信頼《じこしんらい》を育ててくれます。

そして、自分のことが信頼《しんらい》できるようになると、周りの人のことがいい意味で、気にならなくなってきます。

「この人は、わかっている」「この人、まだまだだなぁ」と人をジャッジするようなこともなくなって、むしろ「どうしてそう思ったのかな」と相手を理解《りかい》しようと愛《あい》の視点《してん》で見ることができるようにもなります。

自分で自分を幸せにする意識《いしき》が大切です。そのためには、魂《たましい》と一致《いっち》する、しっくりくることを選択《せんたく》して、自分を信頼《しんらい》することから始めてみましょう。

おわりに

最後までお読みくださりありがとうございます。

みーちゃんが、お空のことや、地球の未来のことをたくさん教えてくれて、こうして一冊の本という形としてお届けできたことに、心から感謝《かんしゃ》しています。

ふだんのみーちゃんは、どんな子なんだろう？　と興味を持った方《かた》もいると思います。もしかすると、おしゃべりが大好きな女の子のイメージを持った方もいるかもしれませんが、どちらかというと、物静《ものしず》かで控《ひか》えめな、愛《あい》らしい小学生の女の子です。そして、いい意味で、冷静《れいせい》に人を見極《みきわ》めているかんじがします。

私のYouTube《ユーチューブ》は、お話に集中していただきたいということと、声の響《ひび》きをかんじていただきたいという思いで、あえて音声のみの配信《はいしん》にしています。

すでにご視聴《しちょう》くださっている方《かた》はご存じだと思いますが、みーちゃんの声はまるで小鳥のさえずりのような、かわいらしくやさしい響《ひび》きをしています。

もしまだ聴《き》いたことがないという方《かた》は、ぜひ一度、YouTube《ユーチューブ》の『光のことだま』をご視聴《しちょう》なさってみてください。たとえ同じお話でも、目から受け取ったものと、耳で受け取ったものとでは、印象がちがうことに気づくと思います。

この本に書かれた内容は、どれも不思議《ふしぎ》なお話ばかりなので、信じられないという人やファンタジーだとかんじる人もいるかもしれませんが、これを真実《しんじつ》だとか、信じてもらおうとは思っていません。ご自由に、かんじるままにとらえてくださって結構《けっこう》です。

ただ、ピュアな思いで、だれかの役に立とうとして、一生懸命《いっしょうけんめい》に話をしてくれた、少女の勇気《ゆうき》と愛《あい》が、一人でも多くの方《かた》の心に届けばいいなとかんじています。

私たちは、現在、地球の次元上昇《じげんじょうしょう》というとても貴重《きちょう》な体験をしています。物質的《ぶっしつてき》な豊かさを追い求めた時代を経《へ》て、精神的《せいしんてき》な豊かさを求め始めています。

新生地球《しんせいちきゅう》は、美しい波動《はどう》と、調和《ちょうわ》と慈《いつく》しみにあふれた「すばらしい未来」だと私はかんじています。

一人ひとりが、波動《はどう》を上げて、ひとたび、自分の中の光に気づけば、どんなことも恐《おそ》れることはなくなるでしょう。

目に見えるもの、目に見えないもの、生きとし生けるもののすべては一つの源《みなもと》の光につながっています。みんなで光の循環《じゅんかん》を起こしていけたなら、こんなにうれしいことはありません。

宇宙に存在しハーモニーを奏でている、美しい生命のすべてに、愛《あい》を込《こ》めて。

光の画家　ChieArt《ちえあーと》

プロフィール

✳ ChieArt（ちえあーと）

画家。独創的な画風は「光の画家」として評価を確立。深い安らぎを もたらす絵として脳科学者や医師からの支持が厚く学会でも何度か発 表。世界各国で個展多数。個人的活動として被災地や、カンボジア、 ベトナム、ミャンマーなどの孤児院や学校、病院などで絵を通した社 会貢献を続けている。2020年には私財を投じて「ChieArt小学校」を カンボジアに設立。

著著に、『Light Card 一光の伝言』(ナチュラルスピリット)、『永遠の ひかり 碧の記憶』(きれい・ねっと)など多数。また、作曲を手がけ メジャーデビューするなどマルチな才能も発揮する。

✳ みーちゃん

小学6年生。幼稚園年中(5歳)の頃から、「お空の記憶」を話し始める。小学1年生の時、ChieArt個展に足を運ぶ。個展 で見た光の絵が「お空の記憶」と共鳴し、「私と同じお空の記憶をわ かってくれる人に出逢えた」と感激。交流を深めていくうちに過去世 でのご縁が蘇り、「お空」ではChieさんが音楽の先生、みーちゃんは 生徒。レムリア時代は水グループ女神として特に海洋研究で共同創造。今世で再会を果たす。

宇宙《うちゅう》さんと宇宙《うちゅう》ちゃんが教《おし》えてくれる魂《たましい》の面白《おもしろ》いお話《はなし》

2023年5月24日　初版発行

著者／ChieArt《ちえあーと》　みーちゃん

発行者／山下 直久

発行／株式会社KADOKAWA
〒102-8177　東京都千代田区富士見2-13-3
電話　0570-002-301（ナビダイヤル）

印刷所／大日本印刷株式会社
製本所／大日本印刷株式会社

●お問い合わせ
https://www.kadokawa.co.jp/（「お問い合わせ」へお進みください）
※内容によっては、お答えできない場合があります。
※サポートは日本国内のみとさせていただきます。
※Japanese text only

定価はカバーに表示してあります。

ISBN 978-4-04-606296-3　C0095